Christiane und Alexander Sautter

Den Drachen überwinden
– Vorschläge zur Traumaheilung

ein Arbeitsbuch für
Betroffene und Therapeuten

mit Beiträgen der Hebamme Kathrin Antener-Bärtschi
und der Kunsttherapeutin Brigitta Gerke-Jork

Ein Buch aus der Reihe „Systemische Psychotraumatologie"

Die deutsche Bibliothek verzeichnet diese Publikation
in der Deutschen Nationalbibliographie.

Christiane und Alexander Sautter
Den Drachen überwinden –
Vorschläge zur Traumaheilung

1. Auflage 2008
2. Auflage 2010

© 2008 by Verlag für Systemische Konzepte, Wolfegg

Lektorat: Christiane Sautter
Umschlaggestaltung: Brigitta Gerke-Jork und Bubeks Druckerei
Foto: Fotostudio Thea Martin
Satz + Druck: Bubeks Druckerei Leutkirch i. Allgäu
Printed in Germany

ISBN 978-3-9809936-5-4

„Danke dafür, dass ihr mich überwunden habt, ohne mich zu töten. Wer einen Drachen überwinden kann, ohne ihn umzubringen, der hilft ihm sich zu verwandeln. Niemand, der böse ist, ist dabei besonders glücklich, müsst ihr wissen. Und wir Drachen sind eigentlich nur so böse, damit jemand kommt und uns besiegt. Leider werden wir allerdings dabei meistens umgebracht. Aber wenn das nicht der Fall ist, so wie bei euch und mir, dann geschieht etwas sehr Wunderbares."

Der Drache schloss die Augen und schwieg eine Weile und wieder lief dieser merkwürdige goldene Schimmer über seinen Leib. Lukas und Jim warteten stumm, bis er seine Augen wieder öffnete und mit noch matterer Stimme fortfuhr: „Wir Drachen wissen sehr viel. Aber solange wir nicht überwunden worden sind, fangen wir damit nur Arges an. Wir suchen uns jemanden, den wir mit unserem Wissen quälen können – so wie ich zum Beispiel die Kinder. Ihr habt es ja gesehen. Wenn wir aber verwandelt sind, dann heißen wir >Goldener Drachen der Weisheit< und man kann uns alles fragen, wir wissen alle Geheimnisse und lösen alle Rätsel. Aber das kommt alle tausend Jahre nur einmal vor, weil eben die meisten von uns getötet werden, ehe es zur Verwandlung kommt."

Michael Ende in „Jim Knopf und Lukas der Lokomotivführer", S. 219-220

Danksagung

An erster Stelle bedanken wir uns bei unseren Klienten, die sich uns seit zehn Jahren anvertrauen und von denen wir unendlich viel gelernt haben.

Wir bedanken uns desweiteren
bei unserem Sohn Marian dafür, dass er dem tückischen Computer immer wieder die richtigen Informationen entlockte;
bei unserem Vater und Schwiegervater Peter Güllekes für die Bekämpfung des Fehlerteufels;
bei Julia Biskupek und Martina Nachreiner für ihre freundschaftliche Unterstützung und die Korrekturen;
bei Viktoria, Simone, Beate, Martina und Brigitte dafür, dass sie ihre privaten Aufzeichnungen zur Verfügung stellten;
bei Brigitta Gerke-Jork für das treffende Titelbild und ihren inspirierenden Beitrag;
bei Kathrin Antener-Bärtschi für das gelungene Kapitel;
bei den Schweizer Hebammen Kathrin Antener-Bärtschi, Ursula Benninger, Brigitte Erni, Cornelia Ramundo-Birrer, Heidi Zimmermann und Evangelina Zuniga-Keller für die fruchtbare Zusammenarbeit und dafür, dass wir so viel von ihnen lernen durften;
bei unserer Lieblingsdruckerei, vor allem bei Alois und Katrin Bubek dafür, dass wieder alles reibungslos geklappt hat.

Für Katrin Schicht und alle anderen, die den Drachen in den goldenen Drachen der Weisheit verwandelt haben.

Inhalt

Gebrauchsanweisung

Als wir uns vor zehn Jahren dem Thema „Beziehungstrauma" zuwandten, hätten wir nie damit gerechnet, dass der Bedarf nach Therapie in diesem Bereich so groß sein würde. Unser Buch „Wenn die Seele verletzt ist – Trauma, Ursachen und Auswirkungen" ist seit 2005 auf dem Markt und bereits in der zweiten Auflage erschienen. Häufig bekamen wir das Feedback: „Sie haben das Buch über mich geschrieben. Endlich weiß ich, was mit mir los ist." Und immer wieder folgte die Frage: „Wann schreibt Ihr endlich, wie Ihr mit Beziehungstraumata therapeutisch umgeht?" Obwohl wir dieses Therapiekonzept seit etwa acht Jahren anwenden, haben wir uns mit dem Schreiben dieses Buches nach Erscheinen des ersten Traumabandes noch einmal drei Jahre Zeit gelassen, denn wir wollen nichts veröffentlichen, was wir nicht über einen längeren Zeitraum hin geprüft haben.

Natürlich sind wir nicht die Erfinder einer systemischen Traumatherapie; möglicherweise gehören wir aber zu den ersten, die diesen Begriff in Deutschland verwandten. Wir fanden, dass sich der systemische Ansatz - kombiniert mit den traumatherapeutischen Interventionen Dr. Luise Reddemanns - bestens dazu eignet, mit Beziehungstraumata zu arbeiten. Es gibt andere Konzepte, die Betroffenen ebenfalls sehr gut helfen. Aus diesem Grund nennen wir unser Buch „Vorschläge zur Traumaheilung".

Als wir das Buch planten, wurde uns rasch klar, dass wir damit alle von Beziehungstraumatas betroffenen Menschen ansprechen wollen, und das sind sowohl diejenigen, die ein solches Trauma erlitten haben, als auch unsere Kollegen.

Deshalb besteht das Buch aus zwei Teilen, von denen sich der erste eher an die Betroffenen, der zweite eher an die Therapeuten richtet. Es spricht jedoch nichts dagegen, wenn interessierte Klienten auch den zweiten Teil lesen; sie mögen sich in diesem Fall nicht an der Fachsprache stören. Kollegen und fachverwandte Interessierte sollten das ganze Buch lesen, weil die Informationen und Interventionen, die wir im ersten Teil beschrieben haben, im zweiten nicht noch einmal erklärt werden.

Mit dem ersten Teil wollen wir Betroffene und ihre Familien über unser Konzept der sanften Traumaheilung informieren. Darüber hinaus möchten wir ihnen Mut machen, sich auf den Weg zu machen. In der von uns angewandten Traumatherapie geht es nicht darum, das Schreckliche immer wieder zu durchleben, sondern im Gegenteil darum, das Trauma einzugrenzen und seine Auswirkungen abzuschwächen, damit die Gegenwart immer schöner und freudvoller wird.

Einiges können Sie ohne Therapeuten für sich tun. Die Eigentherapie hat jedoch Grenzen. Wenn wir schreiben, dass Sie bestimmte Interventionen nicht ohne Therapeuten machen sollten, dann tun wir das aus gutem Grund. Wir haben damit nicht den Geldbeutel der Therapeuten im Blick, sondern Ihr Wohlergehen.

Ihre selbstständige Mitarbeit ist natürlich auch dann gefragt, wenn Sie sich von einem Therapeuten unterstützen lassen. Traumatherapie ereignet sich vor allem zwischen den Sitzungen, wenn Sie das, was Sie erarbeitet haben, in den Alltag integrieren. Aus diesem Grund geben wir unseren Klienten Hausaufgaben auf. Damit schlagen sie mehrere Fliegen mit einer Klappe: Sie lernen, sich selbst zu helfen, werden unabhängig von uns und leben so das Gegenteil von Trauma. Damit verkürzen sie die Dauer der Therapie und müssen nicht, wie in den klassischen Psychoanalysen üblich, ein- bis viermal pro Woche in die Praxis.

Zum zweiten Teil eine Warnung voraus:

Dies Buch ist kein Rezeptbuch! Sollten Sie keine therapeutische Ausbildung haben, können Sie mit dessen Hilfe keine Traumatherapie durchführen, da Ihnen sehr viele Bausteine fehlen, die wir nicht beschreiben, sondern voraussetzen.

Wir treffen immer wieder auf Menschen, die glauben, auch ohne fundierte Ausbildung mit anderen therapeutisch arbeiten zu können. Das mag für die Lösung von Alltagsproblemen im Sinne der Lebensberatung gerade noch angehen, doch wer ein Trauma behandeln will, stößt ohne therapeutische Ausbildung bald an seine Grenzen, ja, er riskiert, seinem Klienten ernsthaft zu schaden.

Wenn Sie eine systemische Ausbildung haben, werden Ihnen viele Interventionen und Vorgehensweisen bekannt vorkommen. Vielleicht ist nur die Zusammenstellung der Techniken ungewohnt. Neu für Sie könnte sein, dass Traumatherapie länger dauert als in systemischen Praxen üblich.

Das hat nicht nur damit zu tun, dass das Thema so belastend ist, dass die Klienten meist nur kleine Schritte wagen, sondern auch damit, dass körperliche Reaktionen eine Rolle spielen, welche die Betroffenen noch nicht steuern können. Welche besondere Schwierigkeit dies darstellt, wird ausführlich erklärt.

Kollegen anderer Fachrichtungen finden vielleicht das eine oder andere therapeutische Werkzeug, das sich gut in ihren „Werkzeugkasten" integrieren lässt. Diejenigen, die sich intensiver mit der systemischen Psychotherapie befassen wollen, erhalten in den Lehrbüchern von Arist von Schlippe und Jochen Schweitzer die benötigten Informationen.

Außerdem wenden wir uns mit diesem Buch an fachverwandte Interessierte wie Sozialpädagogen, Sozialarbeiter, Ärzte und Hebammen. Besonders mit den Schweizer Hebammen verbindet uns eine langjährige intensive Zusammenarbeit. Weil wir wissen, welch destruktive Spätwirkungen Traumata haben können, nahmen wir den Vorschlag von Heidi Zimmermann, interessierte Hebammen im Rahmen des schweizerischen Hebammenverbandes in Traumabegleitung zu schulen, begeistert auf. Auf diese Weise erhielten wir direkte Einblicke in die verantwortungsvolle Arbeit dieser Frauen, von denen einige im Krankenhaus und andere in eigener Praxis tätig sind. Von ihnen lernten wir sehr viel, zum Beispiel welche unserer vorgeschlagenen Methoden dem Praxistest standhielten, und wir bekamen direkte Rückmeldungen darüber, ob die von uns gelehrten Kriseninterventionen in Krisensituationen tatsächlich wirkten. Mit den von uns ausgebildeten Hebammen Kathrin Antener-Bärtschi, Ursula Benninger, Brigitte Erni, Cornelia Ramundo-Birrer, Heidi Zimmermann und Evangelina Zuniga-Keller saßen wir im Rahmen einer Supervision zusammen und besprachen, was in einem Kapitel über traumatische Geburten und über die Geburt als Traumatrigger unbedingt enthalten sein müsse.

Kathrin Antener-Bärtschi schrieb einen Beitrag darüber, wie sie betroffene Frauen dabei unterstützt, ihre traumatischen Geburten zu verarbeiten. Anhand von Beispielen aus ihrer Praxis wird deutlich, wie wichtig und heilend ihre Arbeit wirkt. Die Frauen schließen Frieden mit dem traumatischen Erlebnis, was sich heilend auf die Beziehung zwischen Mutter und Kind auswirkt. Wollen sie ein weiteres Kind, können sie die Geburt entlastet angehen. Die Kunsttherapeutin Brigitta Gerke-Jork erklärt in ihrem Kapitel „Ressourcen bilden durch Gestalten - Kunsttherapeutische Möglichkeiten in der Traumatherapie" den Nutzen von gestalterischer Arbeit. Sie macht Appetit darauf, selber zu gestalten, gibt Anregungen, was Sie selbstständig tun können und wann Sie besser kunsttherapeutische Hilfe in Anspruch nehmen sollten, und vermittelt eine Vorstellung davon, wie kunsttherapeutische Unterstützung aussehen kann.

Außerdem gestaltete sie das Coverbild. Leser des ersten Traumabuches „Wenn die Seele verletzt ist" werden das Mädchen bei genauerem Hinsehen wiedererkennen. Es ist ausgeschnitten worden und hat in der ersten Maletappe einen sicheren Ort mit persönlichen Lieblingsspielen und Lieblingsdüften bekommen. Im Laufe von zwei Jahren hat das Mädchen – angeregt durch verschiedene Imaginationen - eine gesündere Gesichtsfarbe bekommen, dazu neue Kleidung erhalten, ein besonderes Schmuckstück und eine goldene Kugel. Ein Drache bewacht jetzt die Grenze zwischen innerer und äußerer Welt. Im Laufe des Malprozesses wird aus dem zuerst noch schwarzen Drachen ein goldener Drache der Weisheit. Die innere Welt kann sich öffnen und ihre Farbigkeit wird auch in der äußeren Welt sichtbar.

Begleitet wird auch dieses Buch von unseren besten Wünschen!

Es ist möglich, seelische Verletzungen sanft zu heilen.

Es ist möglich, Liebe, Lebensfreude und Selbstvertrauen zu spüren, auch wenn Sie dies in Ihrer Familie nie erlebt haben.

Es ist möglich, den destruktiven Traumadrachen in den goldenen Drachen der Weisheit zu verwandeln.

Möge dieses Buch seinen Beitrag dazu leisten.

Zum Wohle aller Wesen!

Was der Drache „Frau Mahlzahn"
mit Traumaheilung zu tun hat

Einige von Ihnen werden das Kinderbuch „Jim Knopf und Lukas der Lokomotivführer" von Michael Ende kennen. Vielleicht haben Sie als Kind mit den Helden gezittert, haben die Abenteuer der Helden in der „Augsburger Puppenkiste" verfolgt oder Sie haben Ihren Kindern das Buch vorgelesen. Dies Buch ist ein wunderbares Kinderbuch, doch darüber hinaus ist es - wie alle Bücher Michael Endes - weit mehr: Es enthält tiefes Wissen über die menschliche Seele, über ihre Verletzungen und die Möglichkeiten ihrer Gesundung. In ihm ist der Weg der Traumaheilung beschrieben, so wie wir ihn in unserer Praxis mit wachsendem Erfolg betreiben: den Drachen zu überwinden, ohne ihn zu töten. Zur Einstimmung auf unser Buch begleiten wir Jim Knopf und Lukas eine Weile auf diesem Weg.

Jim Knopf ist ein Findelkind, das nur durch einen glücklichen Zufall einem schlimmen Schicksal entgeht: Von Piraten entführt, sollte es eigentlich an den grausamen Drachen Frau Mahlzahn verkauft werden. Doch die Piraten vermasseln den Handel und das Baby gelangt nicht nach Kummerland, sondern nach Lummerland in die liebevollen Hände von Frau Waas. Dort wächst der kleine Jim glücklich und zufrieden auf, umgeben von freundlichen Erwachsenen, die ihm eine wunderbare Kindheit bescheren, ein Schicksal, das sich viele wünschen, die Frau Mahlzahn nicht entgangen sind. Später verlässt Jim mit seinem Freund Lukas dem Lokomotivführer die Insel, weil diese zu klein geworden ist, um allen Leuten Platz zu bieten. Emma, die Lokomotive, wird kalfatert – wasserdicht gemacht - und zum Segelboot umfunktioniert. Als die Freunde dann nach genau drei Wochen und vier Tagen im Lande Mandala anlanden, beginnt das eigentliche Abenteuer: Die Tochter des Kaisers von Mandala, Li Si, ist von Piraten entführt und an den Drachen Frau Mahlzahn verkauft worden. Selbstverständlich machen sich Jim und Lukas gleich auf den Weg, um das Mädchen zu befreien. Logisch, dass bei geglücktem Unternehmen die Hand der Tochter winkt - das gehört sich einfach so in einer guten Geschichte.

Je näher sie der Drachenstadt kommen, umso gefährlicher scheint der Weg zu werden. Im Tal der Dämmerung, in dem sich jedes auch noch so leise gesprochene Wort durch den Widerhall des Echos tausendfach verstärkt, lernen sie, sich von dem Lärm nicht beeindrucken zu lassen. Auch dies ist eine Erfahrung, die traumatisierte Menschen auf dem Weg zur Heilung oft machen: Gefühle scheinen sich zu verstärken, wenn sie angesprochen werden, und nur der, der sich nicht beeindrucken lässt und seinen Weg zum Ziel unbeirrt verfolgt, erlebt letztlich, dass der Lärm verebbt. Kaum haben die Freunde diesen Schritt gemeistert, wartet die nächste Aufgabe auf sie: die Durchquerung der Wüste. Hier begegnen sie unzähligen Fata Morganas, die ihnen zunächst die Orientierung nehmen. Wenn wir uns auf unserem Weg zur Ursache von den unzähligen Geschichten, die auch geschehen sind, ablenken lassen, werden wir Jahre vertrödeln, ohne dem Ziel auch nur einen Millimeter näher gelangt zu sein.

Der Weg zum Ziel gelingt nur dem, der den Scheinriesen Tur Tur zum Freund gewinnt. Je weiter der Scheinriese entfernt ist, umso größer wirkt er. Jim hat schreckliche Angst und würde am liebsten flüchten. Doch wohin? „Angst taugt nämlich nichts", beruhigt Lukas seinen kleinen Freund. „Wenn man Angst hat, sieht meistens alles viel schlimmer aus, als es in Wirklichkeit ist (S.128)." Dies ist ein ganz wichtiger Schritt bei der Heilung. Solange wir vor einem Gefühl davonlaufen, können wir es nicht verarbeiten. Unser Gehirn kann nur die Erlebnisse integrieren, die wir verstehen, und dazu müssen wir wagen, das, was uns quält, anzuschauen. Hier können wir von den Delfinen lernen, denn die schauen sich grundsätzlich alles an, bevor sie entscheiden, ob sie kämpfen oder flüchten. Jim hat seine Lektion begriffen: „Und im Stillen nahm er sich vor, nie wieder vor irgendetwas oder irgendwem Angst zu haben, bevor er ihn oder es nicht aus der Nähe betrachtet hätte (S.130)."

Der Scheinriese Tur Tur erweist sich in der Nähe als Freund und leitet die Abenteurer durch die Wüste zur „Finsternis der schwarzen Felsen", wo alles Licht von Dunkelheit verschluckt wird. Doch wer sein Ziel vor Augen hat, lässt sich auch davon nicht schrecken, und die beiden gelangen durch den „Mund des Todes" schließlich zur Drachenstadt und finden, indem sie die Lokomotive als Drache verkleiden, die Behausung von Frau Mahlzahn, wo diese viele Kinder gefangen hält und durch Schulunterricht quält. Interessant ist in diesem Zusammenhang, dass die Kinder sowohl für das, was sie nicht können, als auch für das, was sie können, bestraft werden. Hier verarbeitet Ende sicher seine eigenen schlimmen Erlebnisse in den Schulen des nationalsozialistischen Regimes, wo der sensible künstlerische Junge überhaupt nicht ins Bild des harten deutschen Mannes passte. Durch die bewältigten Erlebnisse gestärkt, werden Jim und Lukas in dieser traumatischen Situation nicht zu Opfern. Sie können auf viele Ressourcen – Fähigkeiten und Erfolge – zurückgreifen, so dass es ihnen ein Leichtes ist, den Drachen zu überwinden und die Kinder zu befreien.

Das Bewusstmachen der eigenen Ressourcen ist einer der wichtigsten Schritte in der Traumaheilung. Deshalb spielt es eine große Rolle, wie der Weg zum Ziel gestaltet wird. Jim und Lukas erleben schöne Augenblicke, schließen Freundschaften und meistern ihre Ängste. Das auf dem Weg gewonnene Vertrauen in die eigenen Kräfte ermöglicht das Überwältigen des Drachens und somit die Verarbeitung des schlimmen Erlebnisses. Der Drache wird nicht getötet – die beiden tun nicht so, als ob er nie existiert hätte -, sondern sie binden ihn hinten an die Lokomotive. Jim und Lukas haben die Regie, nicht der Drache.

Dies ist ein weiterer wichtiger Schritt: nicht das Trauma mit seinen vernichtenden Gefühlen behält Regie über das Leben, - der Betroffene übernimmt die Steuerung wieder selbst. Das Trauma existiert, es wird nicht verdrängt, es wird in der richtigen Weise bearbeitet. In unserer Geschichte wird der Drache abgekühlt, sein destruktives Feuer wird durch Wasser gelöscht. Und damit kann sich Frau Mahlzahn in den goldenen Drachen der Weisheit verwandeln. Jeder, der sein Trauma bearbeitet und verarbeitet hat, verfügt über einen unermesslichen Schatz: Er hat gelernt, sich selbst anzunehmen, so, wie er ist, und mit allem, was er erlebt hat. Wer tiefes Mitgefühl für sich selbst empfindet, hat auch Mitgefühl für andere Menschen. Wer gelernt hat, sich selbst trotz allem zu lieben, kann auch andere Menschen – trotz allem – lieben.

Es gibt durchaus Traumaopfer, die dem Drachen die Regie überlassen: Sie quälen andere Menschen und tun das, was sie selbst erlitten haben, anderen an. Es gibt wissenschaftliche Studien darüber, dass Männer, die gewalttätig sind, als Kinder selbst geschlagen wurden. Männer, die sich an Kindern sexuell vergreifen, waren selbst Opfer von sexuellem Missbrauch. Lieblose Mütter hatten selbst lieblose Mütter. Und damit bleibt der Drache destruktiv.

Dass der Drache überwunden wird und sich verwandeln kann, geschieht zum Glück nicht nur alle tausend Jahre. Wir durften in unserer Praxis schon oft Zeugen dieser Transformation sein. Einer der berührendsten Augenblicke in unserer therapeutischen Laufbahn war die Begegnung mit Katrin, einer Frau, die als Kind grausam durch die eigene Familie traumatisiert wurde. Es grenzt an ein Wunder, dass sie die Torturen überhaupt überlebt hat. Trotz allem ist es ihr gelungen, sich selbst und ihre Liebesfähigkeit zu retten, und so machte sie das Retten von Menschenleben zu ihrem Beruf. Wir waren alle tief bewegt und voller Respekt vor dem Weg, den Katrin gegangen war, vor ihrem Mut, ihrer Zuversicht und ihrer tiefen Liebe. Deshalb haben wir dies Buch Katrin gewidmet, ihr und allen anderen, die den Drachen überwunden haben.

Dies Buch soll Menschen Mut machen, die den Drachen kennen, denn jeder Drache hat das Potential, sich in den Goldenen Drachen der Weisheit zu verwandeln. Es gibt sicher andere Wege, ein Trauma zu heilen, und nicht jedes Trauma kann durch die von uns vorgeschlagene Methode bewältigt werden. Auch kann die Lektüre des Buches keine Therapie ersetzen. Sie kann jedoch zeigen, dass der Weg zur Heilung nicht mit Katastrophen, sondern mit Erfolgen gepflastert ist. Nicht das Trauma steht im Vordergrund, sondern die Fähigkeiten, ihm zu begegnen. So wird, wie die bekannte Traumatherapeutin Dr. Luise Reddemann in ihrem Vortrag 2007 in Ravensburg sagte, „das Schwere leichter gemacht."

Ohne Diagnose keine Therapie!

Während noch vor wenigen Jahren der Begriff „Trauma" wenig erwünscht war und äußerst selten gebraucht wurde, erleben wir heute, dass dieser Begriff sehr häufig, vielleicht sogar zu häufig benutzt wird, um seelische Schwierigkeiten zu beschreiben. Nicht jede Belastung ist ein Trauma, nicht jedes Problem, so unangenehm es auch erlebt werden mag, hat so schwere Folgen.

Trauma sollte nicht zur Modediagnose verkommen. Diejenigen, die wirklich traumatisiert sind, würden gern darauf verzichten, denn Trauma ist viel mehr als eine Belastung oder Schwierigkeit. Es wirkt überwältigend und überfordert die Fähigkeiten eines Menschen, sich selbst zu helfen. Vor allem hinterlässt es zum Teil äußerst quälende Spuren, welche die Betroffenen in oft langer Kleinarbeit bewältigen und aufarbeiten müssen, um die Lebensqualität der Gegenwart zu erhöhen. Manche bezeichnen sich mit Recht als „Überlebende".

Doch warum ist die Diagnose „Trauma" so wichtig? Wäre es nicht viel besser, die Vergangenheit ruhen zu lassen und sich nur mit der Gegenwart zu befassen? Und sind nicht gerade die systemischen Psychotherapeuten diejenigen, die die Monokausalität – die Zuordnung eines aktuellen Problems auf ein Ereignis in der Vergangenheit - bestreiten, nur in der Gegenwart arbeiten und trotzdem oder gerade deshalb beste Resultate erzielen? In unserer Ausbildung kam das Wort „Trauma" jedenfalls nicht vor. Warum wir uns als überzeugte Systemiker trotzdem mit Trauma beschäftigten und vor drei Jahren das Buch „Wenn die Seele verletzt ist, Trauma – Ursachen und Auswirkungen" verfassten, sei hier kurz zusammengefasst.

Da wir zu zweit arbeiten, haben wir den großen Vorteil, uns über die Arbeit häufig austauschen zu können. Uns interessierte besonders, wenn Menschen die therapeutischen Anregungen nicht für sich nutzen konnten, um ihre Gegenwart schöner und lebenswerter zu gestalten. Diese Sitzungen analysierten wir im Nachhinein sehr genau und fragten uns, ob wir nicht gut gearbeitet hatten oder ob diese Klienten möglicherweise nicht wirklich etwas hatten verändern wollen. Wir nahmen Supervision und stellten uns der Überprüfung.

Da wir vor jeder Aufstellung und bei nahezu jeder Sitzung mit neuen Klienten ein Genogramm, einen Stammbaum erstellen, um die Vorgeschichte mit einbeziehen zu können, fiel uns auf, dass sich die Geschichte derjenigen, die keine Änderung für sich erreichen konnten, sehr ähnlich waren: *Der gemeinsame Nenner hieß „Trauma".*

Unsere Praxis war immer gut besucht. Außerdem gaben wir zwischen 1996 und 2002 nahezu 180 Aufstellungskurse, bei denen mindestens zehn Teilnehmer ihre Geschichten bearbeiteten. Da wir uns für jede Aufstellung 90 Minuten Zeit lassen, konnten wir die Hypothese „Trauma" mit Hilfe von einigen hundert Geschichten unserer Klienten überprüfen. Um es kurz zu machen – wir fanden sie bestätigt.

Daraufhin beschäftigten wir uns intensiv mit dem Thema, besuchten Weiterbildungskurse und lasen alles Wichtige, was auf dem Büchermarkt zu finden war. Besonders inspirierte uns der Ansatz von Dr. Luise Reddemann, deren sanfte, ressourcenorientierte Traumatherapie unsere systemischen Ansätze hervorragend ergänzte. Michaela Hubers Bücher gaben uns viele wertvolle Hinweise zum therapeutischen Umgang mit Trauma.

Gleichzeitig begannen wir zu erforschen, warum es Traumatisierten so viel schwerer als nicht Traumatisierten gelang, störende oder gar quälende Muster zu verändern. Die Erfolge oder Misserfolge unserer Klienten nutzten wir, um unsere therapeutischen Techniken zu verfeinern. Unser Ziel dabei war und ist, traumatisierte Menschen dabei zu unterstützen, so schonend und so schnell wie möglich Erleichterung oder gar Heilung für sich zu erreichen.

Der erste Schritt bei jeder Therapie ist jedoch eine genaue Diagnose.

Wir stellten fest, dass allein die Diagnose „Trauma" unsere Klienten enorm erleichterte. Ohne am Trauma zu rühren, wirkte die bloße Zuordnung des als störend erlebten aktuellen Verhaltens zu dem historischen Ereignis ausgesprochen entspannend. Heute geben uns die Ergebnisse der modernen Hirnforschung die wissenschaftliche Erklärung für die gute therapeutische Wirkung. Nur das, was wir begreifen, können wir loslassen. Aus diesem Grund ist die als logisch erkannte Zuordnung eines bisher unerklärlichen Verhaltens zu einer traumatischen Ursache in der Vergangenheit der erste Schritt zur Heilung.

Woran merke ich also, dass ich traumatisiert bin?

Es gibt zwei Möglichkeiten, ein Trauma zu diagnostizieren:

- Erinnerungen und
- traumatypische Symptome und/oder Verhaltensweisen.

Nicht jedes Trauma muss therapeutisch bearbeitet werden; nicht jeder, der ein Trauma erlebt hat, muss sich später damit auseinandersetzen. Auch wenn Sie wissen, dass Sie traumatisiert sind, besteht nur dann Therapiebedarf, wenn Sie heute, in der Gegenwart, Schwierigkeiten haben. Wenn es Ihnen gut geht, wenn Sie Ihr Leben meistern, wenn Sie abgesehen von dem üblichen Hickhack, das unweigerlich entsteht, wenn Menschen zusammentreffen, keine Probleme haben, dann können Sie die Vergangenheit getrost auf sich beruhen lassen, auch wenn diese Vergangenheit traumatisch war.

Wir wenden uns mit diesem Buch an diejenigen, die aktuelle Probleme haben. Ob diese Probleme Bezug haben zu traumatischen Erlebnissen in der Vergangenheit, erfordert eine genaue Diagnose. Deshalb fassen wir jetzt die auslösenden Ereignisse und auch die Symptome und Verhaltensweisen zusammen, die uns häufig von traumatisierten Klienten geschildert werden.

Traumatisierung durch ein Einzelereignis – die posttraumatische Belastungsstörung

Wodurch wird ein Mensch traumatisiert?

Es gibt Erlebnisse, die wohl von allen Betroffenen traumatisch erlebt werden, und das sind Naturkatastrophen, Gewaltverbrechen, schwere Verkehrsunfälle, sexuelle Gewalt und Kriege. Die Verhaltensmuster und Symptome, die auf Grund dieser Ereignisse entstehen, können eindeutig dem Trauma zugeordnet werden und die Behandlungskosten übernimmt in Deutschland die Krankenkasse.

Traumatische Einzelereignisse werden häufig erinnert. Auch wenn einzelne Segmente fehlen mögen, wie zum Beispiel der Augenblick, in dem sich der Verkehrsunfall ereignete, wissen Sie trotzdem, dass Sie einen Unfall hatten. Dass das traumatische Erlebnis nicht gut verarbeitet wurde, merken Sie an den Symptomen, die in der Internationalen Klassifikation psychischer Störungen, kurz ICD-10 Kapitel V, unter F 43.1 – Posttraumatische Belastungsstörung - aufgeführt sind.

Das, was die Betroffenen am schlimmsten empfinden, sind die „Nachhallerinnerungen" oder „flashbacks", worunter Teilerinnerungen zu verstehen sind, die sich plötzlich, unvermittelt und mit großer emotionaler Heftigkeit aufdrängen, ohne dass die Betroffenen etwas dagegen tun können. Dies geschieht auch in Träumen, so dass die Menschen häufig an massiven Schlafstörungen leiden. Viele sind übermäßig schreckhaft, Angst und Depression können ebenfalls auftreten. Nicht wenige denken an Selbstmord.

Auch heute noch werden die Betroffenen nicht adäquat auf die Möglichkeit eines traumatischen Stresssyndroms hingewiesen. Eine Klientin kam nach einem schweren Unfall zu Christiane und berichtete, die Ärzte hätten ihr gesagt, da könne „noch etwas nachkommen", möglicherweise werde sie sich öfter an den Unfall erinnern, als ihr lieb sei. Dass sie sich mit einer gezielten Traumatherapie helfen lassen könne, wurde ihr dagegen nicht mitgeteilt.

Einige Menschen greifen zum Alkohol, um sich zu entspannen, anderen werden sogenannte Angstlöser verordnet. Diese Psychopharmaka sind „Erste-Hilfe-Maßnahmen", denn sie können einen außer sich geratenen Menschen in Minuten völlig beruhigen. Doch Angstlöser, die sofort wirken, machen nach kurzer Zeit süchtig. Die wenigsten wissen, dass sie nach längerer Einnahme solcher Mittel kaum um einen Entzug in einer Klinik herumkommen. Eine unserer Klientinnen landete aus diesem Grund nach dem Tod ihres Sohnes nicht in einer Trauma- sondern in einer Suchtklinik, weil ihr der Arzt über zwei Jahre lang Angstlöser verschrieben hatte.

Sie leiden an einer posttraumatischen Belastungsstörung, wenn Sie

- in den letzten zwölf Monaten ein traumatisches Erlebnis (Verkehrsunfall, Gewaltverbrechen, Naturkatastrophe, Vergewaltigung, einen plötzlichen Todesfall) zu verkraften hatten;
- seitdem immer wieder unter quälenden Erinnerungen, Schlaflosigkeit oder Albträumen und/oder
- an depressiven Verstimmungen und Ängsten leiden, sehr schreckhaft sind und
- zuweilen auch an Selbstmord denken.

Traumatisierung durch serielle Belastungen – das Beziehungstrauma

Ein Beziehungstrauma entsteht nicht auf Grund von einzelnen schrecklichen Erlebnissen, sondern durch eine Summierung von Ereignissen, die für sich genommen nicht traumatisch wirken würden. Diese Traumata entstehen in Beziehungen und durch Beziehungen. Häufig ist die Familie der Ort, wo dies geschieht, aber auch das soziale Umfeld, in dem die Familie lebt; auch der Kindergarten oder die Schule können für das Entstehen von Beziehungstraumata verantwortlich sein.

Ob es tatsächlich zu einer traumatischen Belastung kommt, hängt nicht zuletzt vom Lebensalter ab, in welchem ein Kind konfrontiert wird. Säuglinge und Kleinkinder sind schneller überfordert als ältere Kinder. Zum anderen hängt es davon ab, welche Bewältigungsstrategien ein Kind verfolgt oder verfolgen kann. Eine einzige erwachsene Person, zu der das Kind Vertrauen hat – eine stabile Bezugsperson -, kann die Folgen von traumatischen Belastungen entscheidend mildern. Wenn die Erlebnisse außerhalb der Familie geschehen, kann das Kind ebenfalls leichter damit umgehen, als wenn es von seinen Eltern oder Anverwandten geschädigt wird. Wirkten die Schutzfaktoren mindestens genauso stark wie die schädlichen Einflüsse, können auch schwere Erlebnisse vom Kind verarbeitet werden.

Die wichtigsten Ursachen für Beziehungstraumata sind:

- körperliche Misshandlung,
- seelische Misshandlung und
- verlassen werden.

Wenn Sie sich an solche Erlebnisse erinnern, wenn Sie also wissen, dass Sie als Kind häufig geschlagen und/oder ständig abgewertet wurden oder wenn sich niemand um Sie kümmerte, dann ist es wahrscheinlich, dass Sie ausgleichende Verhaltensmuster entwickelt haben. Ein Trauma hinterlässt immer Spuren. Diese Spuren zeigen sich längst nicht immer in Symptomen, sondern häufig auch in Verhaltensmustern. An diesen Verhaltensmustern können wir bei uns selbst und bei unseren Mitmenschen erkennen, ob eine Traumatisierung wahrscheinlich ist.

Systemische Psychotherapeuten verstehen Verhaltensmuster und Symptome als Lösungsstrategien, das heißt, die Betroffenen versuchten, sich mit diesem Verhalten oder den Symptomen zu schützen, sich sozusagen Schlimmeres zu ersparen. Damals war dieses Verhalten möglicherweise wirklich hilfreich, heute kann es das aktuelle Leben erheblich stören. So kommen denn auch die meisten Klienten in unsere Praxis, weil sie an sich ein Verhalten wahrnehmen, das sie verändern wollen.

Auch wenn Sie sich nicht gut oder überhaupt nicht an Ihre Kindheit erinnern, können die Verhaltensmuster und/oder die Symptome ein Hinweis auf ein Beziehungstrauma sein. Wir können das Pferd durchaus von hinten aufzäumen und über die Bewältigungsstrategien auf die Ursachen schließen. Warum das so wichtig ist und so gut wirkt, wird in einem späteren Kapitel ausführlich erklärt.

Im Folgenden führen wir die Ereignisse auf, die zu einem Beziehungstrauma führen können. Außerdem nennen wir Ihnen die Verhaltensmuster und Symptome, die uns traumatisierte Menschen häufig nennen.

Körperliche Misshandlung

„Kinder haben ein Recht auf gewaltfreie Erziehung. Körperliche Bestrafung, seelische Verletzungen und andere entwürdigende Maßnahmen sind unzulässig." (§1631 Abs. 2 BGB)

Es gibt keinen Grund für Gewalt, es sei denn, um sich selbst zu verteidigen. Dieser Grund ist bei Gewalt gegen Kinder nicht gegeben. Seit dem 6. 11. 2004 gibt es ein Gesetz, das sowohl die körperliche wie die seelische Misshandlung von Kindern verbietet. Da Kinder Erwachsenen jedoch lange Zeit körperlich unterlegen sind, werden auch heute noch viele Kinder mehr oder weniger regelmäßig geprügelt.

Trotzdem sind nicht alle Kinder, die geschlagen wurden, traumatisiert. Wenn die Schläge nur sehr selten verabreicht wurden, wenn sie nicht heftig waren und, wie es oft von erwachsenen Klienten ausgedrückt wird, „verdient" erschienen, entstehen meist keine weiteren Folgen. Anders ist es, wenn Sie häufig geschlagen wurden, wenn Ihnen der Grund für die Strafe nicht klar war und wenn die Schläge sichtbare Spuren am Körper wie blaue Flecken oder Striemen hinterließen.

Möglicherweise waren Vater oder Mutter alkoholkrank und im betrunkenen Zustand unkontrolliert aggressiv. Oder die Eltern verstanden den Bibelspruch „Wer seinen Sohn liebt, der züchtigt ihn", in der Weise, ihre Kinder sozusagen prophylaktisch zu schlagen, um ihnen später einmal das Fegefeuer zu ersparen. Andere wollten ein Exempel statuieren und schlugen nur selten, dafür aber äußerst heftig. Vielleicht fühlten sich die Eltern mit der Erziehung einfach überfordert und griffen zur Gewalt, um ihre Forderungen durchzusetzen.

Auch wenn Sie selbst nicht geprügelt wurden und „nur" zusehen oder zuhören mussten, wie Ihre Geschwister oder gar die Mutter geschlagen wurden, können Sie traumatisiert sein. Zu der unmittelbaren Erfahrung von Gewalt mischt sich die eigene Ohnmacht, nichts zum Schutz Ihrer Angehörigen tun zu können. Häufig entstehen dadurch zusätzlich schwere Schuldgefühle.

Ältere Klienten finden Prügel häufig „normal", weil alle Kinder geschlagen wurden. Deshalb erzählen sie uns meist nichts davon, sondern beklagen sich stattdessen über Probleme, sich gegenüber Autoritäten durchzusetzen. Entweder fühlen sie sich innerlich klein und hilflos oder sie legen sich mit jeder Autorität an, auch mit „Vater Staat".

Viele wenn auch nicht alle Autoritätskonflikte sind Reaktionen auf gewalttätige Väter oder Mütter. So ist eine genaue Erforschung der Vorgeschichte immer notwendig, bevor aus einem Verhalten auf ein Trauma geschlossen werden darf.

Sie sind ein körperlich misshandeltes Kind
- wenn Ihnen körperlich Gewalt angetan wurde, ganz gleich ob mit den Händen oder mit anderen Hilfsmitteln oder
- wenn Sie regelmäßig geschlagen wurden oder
- wenn Sie nicht wussten, warum Sie geschlagen wurden oder
- wenn die Schläge, egal wie oft diese verabreicht wurden, sichtbare Spuren am Körper hinterließen.

Seelische Misshandlung

Heute ist es, wie oben zitiert, offiziell verboten, Kinder seelisch zu verletzen, weil sich das Wissen, dass nicht nur körperliche Misshandlungen schwere Folgen haben, inzwischen durchgesetzt hat. Was ist eine seelische Misshandlung?

Die meisten verstehen darunter verbale Gewalt wie zum Beispiel Beschimpfen oder Anschreien. Das ist richtig, doch seelische Misshandlung geschieht ebenso häufig leise und versteckt sich hinter subtilen Abwertungen, die sich in einem Satz zusammenfassen lassen: *So wie du bist, bist du nicht richtig.* Das Geschlecht stimmt nicht, die Geburt war unpassend, das Aussehen ist ungenügend, die Leistungen sind nicht zufriedenstellend – diese Liste ließe sich noch lange fortsetzen.

Das soll nicht heißen, dass ein Kind nie getadelt werden und keine Grenzen erhalten sollte. Es geht hier nicht um die Erziehungsarbeit, die Eltern leisten müssen, um ihrem Kind wichtige Grundregeln des sozialen Miteinanders beizubringen. Es geht vielmehr um die Grundhaltung der Eltern oder anderer wichtiger Bezugspersonen gegenüber dem Kind: Stehen sie ihm wertschätzend und unterstützend zur Seite und lieben es so, wie es ist, wobei sie sein Verhalten durchaus korrigieren, oder empfinden sie es in erster Linie als Belastung oder als Störfaktor und drücken diese Haltung sowohl verbal als auch nonverbal aus?

Klienten, die unter den Folgen seelischer Misshandlung leiden, berichten von einem ganz speziellen Klima in ihren Familien. Abwertungen waren völlig normal, gelobt wurde nie oder wenn, dann betraf die Anerkennung eher fremde Kinder, die als leuchtende Vorbilder zitiert wurden. In manchen Familien wurde viel gestritten, in anderen wurden die Pfeile eher leise verschossen. Einige berichten von wahren Kriegszuständen, bei anderen wurde eine freundliche Fassade nach außen aufrecht erhalten, aber innen herrschte Eiseskälte.

Welche Spätfolgen haben seelische Misshandlungen?

Kinder verinnerlichen die Beurteilung ihrer Eltern und teilen deren Meinung. Die Auswirkungen auf Selbstwert und Selbstbewusstsein sind tiefgreifend. Die Betroffenen reagieren unterschiedlich. Manche resignieren und werten sich selbst ständig ab. Sie lassen kein gutes Haar an sich, können Erfolge nicht anerkennen und fühlen sich für alles, was schief geht, schuldig. Andere werten andere Menschen ab, um sich selbst besser zu fühlen. Da es sehr wichtig ist, dass niemand den Mangel an Selbstwert merkt, tendieren die Betroffenen dazu, Fassaden zu kreieren. Sie zeigen sich nicht so, wie sie sich fühlen, sondern so, wie sie glauben, dass es von ihnen erwartet wird. Natürlichkeit und Spontaneität werden ersetzt durch eiserne Kontrolle und Regeln.

Kritik wird schwer ertragen. Wenn seelisch misshandelte Menschen zugeben würden, dass sie etwas falsch gemacht haben, gäben sie ein gut gehütetes Geheimnis preis: Die tiefe Überzeugung, nichts wert zu sein und alles falsch zu machen. Wenn jemand überhaupt keine Kritik versteht, weist dies also weniger auf ein übersteigertes Selbstbewusstsein hin, sondern im Gegenteil auf ein Selbstwertproblem.

Einige entwickeln körperliche Symptome, weil so viele starke Gefühle unterdrückt werden müssen. Bei psychosomatischen Erkrankungen verlagert sich der Ausdruck der Emotionen auf die körperliche Ebene. Wir haben schon einige Male erlebt, dass psychosomatische Symptome verschwanden, nachdem die Betroffenen wagten, ihre wirklichen Gefühle auszudrücken.

In einigen Familien werden die Kinder einerseits ständig abgewertet, andererseits verlangt man Spitzenleistungen von ihnen. Sie erhalten die zwei Botschaften: Du bist nichts wert! – Sei perfekt! Natürlich ist es einem wertlosen Menschen unmöglich, gleichzeitig perfekt zu sein. Die Leser unserer Bücher erkennen den „Doublebind", die Doppelbotschaft, bei der gleichzeitig zwei sich widersprechende Aufforderungen gegeben werden, wobei das Kind unter dem Druck steht, die richtige Entscheidung treffen zu müssen. Doublebinds sind ein traumatisierendes Kommunikationsmuster, das die Entwicklung eines gesunden Selbstwertgefühls stark behindert. In unseren Büchern „Wege aus der Zwickmühle – Doublebinds verstehen und lösen" und „Wenn die Masken fallen – Paare auf dem Weg zum Wir" können Sie sich in dieses Thema vertiefen, das hier nur am Rande erwähnt werden soll.

Nicht alle seelisch misshandelten Kinder entwickeln störende Symptome oder Verhaltensmuster. Wenn es genügend starke Ausgleichsfaktoren gab, dann kann es ihnen heute trotzdem gut gehen. Vielleicht waren sie gut in der Schule oder glänzten in Sport, Musik oder Chemie, vielleicht gab es eine Jugendgruppe, in der sie sich angenommen und zu Hause fühlten, vielleicht engagierten sie sich beim Roten Kreuz oder im Naturschutz oder erhielten Anerkennung in den Familien ihrer Freunde – solche ausgleichenden Faktoren ermöglichen Menschen, seelische Misshandlungen gut und ohne Folgen zu verarbeiten.

> **Sie sind ein seelisch misshandeltes Kind, wenn Sie**
> - sich an häufige Beschimpfungen und Abwertungen erinnern oder
> - es Ihren Eltern nie recht machen konnten oder
> - im tiefsten Inneren von Ihrer Minderwertigkeit überzeugt sind oder
> - sich hinter einer Fassade verstecken oder
> - die Schuld immer bei sich suchen oder
> - jede Kritik immer weit von sich weisen.

Verlassenwerden

Kinder sind besonders gefährdet, durch Verlassenwerden traumatisiert zu werden. Sie fühlen sich verlassen, wenn sie von ihren Bezugspersonen – meist sind das Vater und Mutter - keine oder nicht genügend Aufmerksamkeit erhalten. Ob ein Kind durch Verlassenwerden traumatisiert wird, ist unter anderem abhängig von seinem Lebensalter. Es ist logisch, dass ein jüngeres Kind Trennungen schwerer verkraftet als ein älteres. Ein Säugling oder Kleinkind hat noch gar kein Gefühl für Zeit. Im Kindergarten lernt es, dass es Vormittage und Nachmittage gibt. Erst das Schulkind erfährt, dass der Vormittag in Stunden eingeteilt wird, und es braucht einige Jahre, bis es größere Zeiträume wie Wochen oder gar Monate begreift.

Es gibt verschiedene Gründe dafür, dass Kinder sich verlassen fühlen, und die Verantwortung dafür trifft längst nicht immer die Eltern. Wenn die Mutter zum Beispiel schwer erkrankt oder gar stirbt, fühlt sich das Kind von ihr verlassen. Andere schicksalhafte Ereignisse können das Zusammensein von Eltern und Kindern empfindlich stören. Wir erinnern in diesem Zusammenhang an die Ereignisse des Zweiten Weltkriegs, wo Millionen von Menschen getrennt wurden.

Bis in die achtziger Jahre wurden Kinder zu Tausenden traumatisiert, weil es ihren Eltern verboten war, sie im Krankenhaus zu besuchen. Nach kürzester Zeit fühlten sich diese Kinder völlig verlassen, denn zu Schmerzen und körperlichen Missempfindungen kam die Trennung von Mutter und Vater. Je jünger das Kind, umso schlimmer empfand es dies, und zog daraus, wie alle verlassenen Kinder, folgende Konsequenz:

Auf die Menschen, die ich am meisten liebe, kann ich mich nicht verlassen. Ich weiß, dass ich sie verlieren werde.
Einige unserer Klienten erzählten, dass sie ihre Eltern nach längeren Krankenhaus- oder Kuraufenthalten gar nicht erkannten. Auch wenn sich Mutter und Vater danach viel um das Kind kümmerten, bleibt die traumatische Trennung eingraviert in die Seele des Kindes. Diese Prägung zeigt sich später in den Beziehungen der Erwachsenen. Da sie als Kinder hinnehmen mussten, geliebte Menschen zu verlieren, zeigen sich je nach Temperament zwei Reaktionsweisen: Die einen vermeiden jede feste Bindung, die anderen klammern. In unserem Buch „Wenn die Masken fallen – Paare auf dem Weg zum Wir" haben wir die Auswirkungen eines Verlassenheitstraumas ausführlich beschrieben.

Es gibt jedoch Eltern, die sich wirklich nicht genug um ihre Kinder kümmern. Dies geschieht nicht nur in den sogenannten sozial schwachen Familien, obwohl Armut ein Risikofaktor ist. Wenn Eltern viel arbeiten müssen, um die Familie zu ernähren, haben sie wenig Zeit, sich um die Kinder zu kümmern. Besonders allein erziehende Eltern haben es schwer, die wirtschaftliche Absicherung und die emotionale Versorgung ihrer Kinder zu vereinbaren. Für kleine Kinder spielt es keine Rolle, ob sich die Eltern nicht um sie kümmern können oder ob sie sich nicht kümmern wollen. Sie bleiben sich selbst überlassen und weil sie ihr Leben selbst gestalten müssen, machen sie sich ihre eigenen Regeln. Sie wurden so häufig allein gelassen und haben so oft erfahren, dass sie auf Erwachsene nicht zählen können, dass sie sich nur noch auf sich selbst verlassen. Für viele sind Erwachsene keine Freunde, sondern Gegner, die es auszutricksen gilt. Da auch Lehrer erwachsen sind, bleiben Schulprobleme nicht aus. Die Gefahr einer Karriere als „sozial auffälliges Kind" ist nicht unerheblich.

Verlassene Kinder sind ständig überfordert. Sie müssen viel zu früh Verantwortung für ihr Leben übernehmen. Sie versuchen, so erwachsen wie möglich zu handeln, doch sie tun es als Kinder. So ist ihr Zugang zum Erwachsensein kindlich. Dies ändert sich nicht, wenn sie wirklich erwachsen sind. Die ewigen Rebellen, die sich weigern, Verantwortung zu übernehmen, sich nicht an Abmachungen halten und jede Form von Verbindlichkeit scheuen, sind häufig verlassene Kinder. Sie bleiben weit hinter ihren

Möglichkeiten zurück, weil sie Leistungen nur dann bringen, wenn sie Lust dazu haben, so wie Kinder das tun. Doch da sie nie wirklich Kind sein konnten und das Erwachsensein so negativ besetzt ist, haben sie häufig große Schwierigkeiten, ihr Leben in einer Gesellschaft zu meistern, die sie nicht anerkennen. Dabei übersehen sie, dass es nicht „die Gesellschaft" ist, die sie bekämpfen, sondern stellvertretend ihre eigenen Eltern.

Die Entwicklung von Kindern, die durch Krankenhaus- und Kuraufenthalte oder eine schwere Erkrankung der Mutter traumatisiert wurden, ist nicht grundsätzlich gestört, denn die sichere Bindung zu den Eltern ist nur unterbrochen worden. Diese Unterbrechung hat Folgen, doch meist zeigen sich diese vor allem im Privatleben. Wirklich vernachlässigte Kinder zeigen ihr Verlassenheitstrauma dagegen in ihrer privaten und häufig auch beruflichen Lebensführung.

Sie sind ein verlassenes Kind, wenn Sie

- als Kleinkind einen Krankenhausaufenthalt oder eine Kinderkur über sich ergehen lassen mussten und keinen Kontakt zu den Eltern hatten;
- egal aus welchen Gründen, häufig alleine waren oder sich selbst überlassen blieben;
- Ihr Leben schon früh selbst in die Hand nehmen mussten;
- wenig Vertrauen haben, dass der Partner / die Partnerin bei Ihnen bleibt;
- nicht ertragen können, dass der Partner / die Partnerin etwas unternimmt, ohne Sie mitzunehmen;
- sich selbst als einen sehr eifersüchtigen Menschen bezeichnen würden.

Sonderfall: sexuelle Gewalt

Sexueller Missbrauch gehört zu den Ereignissen, die jeden Menschen traumatisieren. Ein einziges Ereignis reicht aus, um das Opfer schwer zu schädigen. Die Täter sind laut einer Studie der Bundesarbeitsgemeinschaft Prävention und Prophylaxe zu 90% der Fälle Männer. Die Hälfte stammt aus der direkten Familie, 44% aus dem näheren Umfeld, zum Beispiel aus der Nachbarschaft. Nur in 6% der Fälle ist der Täter völlig unbekannt. Bei einem Drittel aller Fälle geht der Missbrauch von jugendlichen, oft nicht viel älteren Tätern aus (www.praevention.org/basiswissen.html). Noch vor wenigen Jahren traf es vor allem Mädchen. Durch die Verbreitung von Kinderpornographie im Internet ist die Anzahl der durch Männer missbrauchten Jungen jedoch besonders in Asien, aber auch in Westeuropa sprunghaft angestiegen.

Leider gehört die sexuelle Gewalt an Kindern häufig zu den seriellen Traumata, die in Familien oder im Umfeld von Familien oft viele Jahre lang unbemerkt verübt wird. Vom Kind wird immer verlangt, den Missbrauch zu verheimlichen. Häufig droht der Täter ihm oder Mitgliedern seiner Familie Schlimmeres an, wenn es etwas verrät. Aus Scham und Furcht schweigen daher viele Kinder.

Wenn der Täter in der Familie wohnt, muss das Kind mit diesem zusammen leben, als sei nichts geschehen. Es muss mit zwei an sich nicht zu vereinbarenden Realitäten umgehen: zum einen mit dem Mann, der es zu Dingen zwingt, die ihm wehtun oder vor denen es sich ekelt, zum anderen mit dem lieben Papa, Großvater, Onkel, Cousin oder Bruder. Missbrauch ist auch heute noch ein Tabuthema. Immer noch wird sexuelle Gewalt an Kindern verharmlost und vertuscht.

Es ist sehr viel über Missbrauch geschrieben worden, doch in die therapeutische Praxis umgesetzt wird das theoretische Wissen immer noch viel zu selten. Eine unserer Klientinnen suchte Monate lang erfolglos nach einer Therapeutin für ihre kleine Tochter, die von älteren Jugendlichen missbraucht worden war. Nach dieser fruchtlosen Odyssee, bei der sie von einer Praxis zur anderen und von einer Kinderhilfsgruppe zur anderen geschickt worden war, übernahm Christiane, die eine kindertherapeutische Ausbildung hat, die Unterstützung des kleinen Mädchens.

Das Buch mit systemischen Vorschlägen zur Traumatherapie bei Kindern – „Lena und der Walfisch, Traumaheilung bei Kindern" - von unserer Kollegin, der Kindertherapeutin Astrid Wiesner, ist in Arbeit und wird voraussichtlich 2009 im Verlag für Systemische Konzepte erscheinen.

Sexueller Missbrauch ist das Trauma, das am häufigsten völlig verdrängt wird. Das Verdrängen ist eine autonome, vom Gehirn gesteuerte Reaktion, um das Überleben des Kindes zu sichern. Niemand verdrängt, weil er es sich vorgenommen hat. Deshalb sind es meist Symptome und Verhaltensweisen, die auf sexuelle Gewalt hinweisen. Die Schwierigkeiten zeigen sich häufig Jahre später, wenn die betroffenen Frauen in ihren Partnerschaften Sexualität leben wollen.

Doch Vorsicht! Nicht alle Schwierigkeiten im Bereich Sexualität beruhen auf sexuellem Missbrauch in der Kindheit. Das Bett ist der Ort, wo sich ungelöste Konflikte in der Partnerschaft häufig zuerst zeigen. Die meisten Frauen können ihre Sexualität am besten leben, wenn die Beziehung stimmt. Wenn die Nähe zum Partner durch ungelöste Konflikte belastet ist, haben viele Frauen keine Lust. Stress durch die Betreuung kleiner Kinder oder durch berufliche Belastungen wirkt bei vielen Paaren ebenfalls als Lustkiller. Männer funktionieren meist anders; sie können fast immer. Es gibt in unserer Praxis nur einen ganz geringen Prozentsatz an Männern, die nicht mit ihren Frauen schlafen wollen.

Die Probleme, die durch sexuellen Missbrauch verursacht werden, sind grundsätzlicher Natur. Einige so belastete Frauen vermeiden Sexualität vollständig, auch wenn sie in Partnerschaften mit liebevollen Ehemännern leben. Beim Versuch des Geschlechtsverkehrs verkrampfen sie sich so, dass Schmerzen den Akt verhindern. Einige fangen an zu weinen, andere sind seelisch nicht mehr anwesend, kurz, es zeigen sich Hindernisse, die Sexualität unmöglich machen. Besuche beim Frauenarzt werden gerne vermieden, die genitale Untersuchung verweigert. Bei einigen Frauen klappt die Sexualität einigermaßen bis zur Geburt des ersten Kindes. Das Geburtserlebnis bringt den Missbrauch jedoch emotional und körperlich wieder in Erinnerung, und danach geht häufig nichts mehr.

Psychosomatische Symptome, wie zum Beispiel diffuse Unterleibsschmerzen bei völligem Fehlen von körperlichen Ursachen, können auf Missbrauch hinweisen. Zwangsstörungen, zum Beispiel Putz- oder Waschzwang, können entstehen. Hier projiziert die Frau den Akt, durch den sie sich beschmutzt fühlt, unbewusst nach außen und versucht, sich durch häufiges Waschen und Putzen zu reinigen. Außerdem verwenden Pädophile den Begriff „Schmutz" gegenüber dem Kind gerne als Grund dafür, es ausziehen und berühren zu können.

Wir sind sehr zurückhaltend mit der Diagnose „Missbrauch" und gehören bestimmt nicht zu den Therapeuten, die ihren Klientinnen dieses Trauma einreden. Es müssen schon handfeste „Beweise" - Traumasymptome - vorliegen, bevor wir diese Hypothese verfolgen.

Die Therapie bei sexuellem Missbrauch kann länger dauern, weil zwei Ziele erreicht werden sollten: Zum einen geht es um die Aufarbeitung des körperlichen und seelischen Traumas und zum anderen darum, zwischen dem Täter und anderen Männern unterscheiden zu lernen, um die sexuelle Beziehung zum eigenen Partner zu ermöglichen.

Sie sind möglicherweise ein sexuell missbrauchtes Kind, wenn Sie
- konkrete Erinnerungen an den Missbrauch haben;
- körperlich gesund sind und Sexualität trotzdem unmöglich ist, obwohl Sie Ihren Mann lieben;
- unter psychosomatischen Schmerzen leiden;
- häufig von Alpträumen gequält werden, die von sexueller Gewalt handeln;
- nachts grundsätzlich Ihre Zimmertür abschließen müssen, egal wo Sie sich befinden.

Bewältigungsstrategien nach traumatischen Erlebnissen

Das Erleben von traumatischen Situationen wirkt sich immer auf das Verhalten des Betroffenen aus, auch wenn er keine Symptome hat. Menschen passen ihr Verhalten den Lebensumständen an. Wir wollen schließlich überleben und entwickeln Strategien, um unser Überleben zu sichern.

Es gibt einige Strategien, die auf traumatische Situationen in der Vergangenheit schließen lassen. Wir haben diese in unserem Buch „Wenn die Seele verletzt ist" bereits ausführlich beschrieben und dort können Sie nachlesen, wenn Ihnen die kurze Zusammenfassung in diesem Buch nicht ausreicht. Die Bewältigungsstrategien, die auf Grund traumatischer Erlebnisse entwickelt werden, dienen dazu, das Trauma oder die emotionalen Belastungen durch das Trauma zu vermeiden.

Im Folgenden nennen wir die wichtigsten Verhaltensmuster, und das sind:
- übermäßig kontrollieren;
- schwarz sehen, sich Sorgen machen;
- auf Triggersituationen reagieren und
- dissoziieren.

Kontrolle ist nicht a priori schlecht. Kaum jemand könnte ohne Kontrolle sein tägliches Leben bewältigen. Morgens klingelt der Wecker und kontrolliert unser Aufstehen, der kontrollierende Blick auf die Uhr ermöglicht uns, den Bus rechtzeitig zu erreichen oder früh genug loszufahren, um pünktlich anzukommen. Erwachsene Menschen, die überhaupt nicht kontrollieren, leben wie Kindergartenkinder, ohne Stundenplan und ohne Verpflichtungen. Leisten können sich das nur diejenigen, die das Geld zum Leben nicht selbst verdienen müssen und genügend Angestellte haben, um den Alltag zu bewältigen. Alle anderen brauchen ein gewisses Maß an Kontrolle. Im Zusammenhang mit Trauma sprechen wir deshalb von einem Zuviel an Kontrolle.

Trauma bedeutet Kontrollverlust. Da der Betroffene keine Möglichkeit hat, sich selbst zu helfen, fühlt er sich ohnmächtig und ausgeliefert. Dieses Gefühl ist absolut unerträglich, so unerträglich, dass sich viele Traumaopfer besser damit fühlen, sich selbst eine gewisse Mitschuld am Geschehen zu geben, denn wenn sie selbst braver, lieber, perfekter gewesen wären, wäre ihnen das, was passiert ist, sicher nicht geschehen. Ganz gleich wie jung ein Mensch diesen Kontrollverlust erlebte, wird sich in ihm der feste Wille formen, so etwas nie wieder geschehen zu lassen. Aus diesem Grund beginnt er zu kontrollieren und zwar nicht nur sich selbst und sein Leben, sondern auch das Leben der Menschen, die ihm nahe stehen. Der gutgemeinte Ratschlag, das Leben doch mal locker zu nehmen, fruchtet überhaupt nicht. Erst wenn der Betroffene versteht, warum er kontrolliert - dass er versucht, sich gegen eine erneute Traumatisierung zu schützen - kann er sein Verhalten verändern.

Jedes Verhalten, auch wenn es destruktiv erscheint, hat Vorteile für denjenigen, der es verwendet. So ist es auch mit den ewigen Pessimisten, die sich immer das Schlimmste ausmalen und ihren Mitmenschen mit ihren ständigen Sorgen auf die Nerven gehen. Die Aufforderung, doch mal positiv zu denken, geht vollständig ins Leere, denn auch das Schwarzsehen ist nur eine Bewältigungsstrategie auf Grund traumatischer Erlebnisse: Wenn ich mir das Schlimmste ausmale, dann kann mich schließlich nichts mehr überraschen. Ich bin auf jeden Fall gewappnet.

Viele Menschen, die den Zweiten Weltkrieg miterlebt haben, sind solche Schwarzseher. Auch diejenigen, die von schweren Erkrankungen überrascht wurden oder deren Angehörige plötzlich verstarben, entwickeln diese Tendenzen. Zuweilen kann sich daraus eine regelrechte Angst- oder Panikstörung entwickeln. Wenn es eine entsprechende Vorgeschichte gibt, sind solche Störungen recht gut zu heilen. Doch Vorsicht, nicht jede Angststörung hat einen traumatischen Auslöser. Wenn die Betroffenen verstehen, dass sie sich mit ihrem Pessimismus vor Schlimmerem schützen wollen, können Sie andere Verhaltensmuster ausprobieren, die heute angemessener sind.

Triggerreaktionen sind beweisend für Trauma. Trigger, englisch Auslöser, erinnern uns irgendwie an ein traumatisches Erlebnis, ohne dass uns dies jedoch bewusst ist. Wir erkennen Trigger daran, dass die emotionale Reaktion irrational heftig ist. Je irrationaler die Reaktion ist, umso wahrscheinlicher haben wir es mit einem Traumatrigger zu tun. Aber nicht jede emotional heftige Reaktion ist ein Trigger! Ausschlaggebend dafür ist, dass der Betroffene selbst keinen wirklichen Grund für sein Verhalten angeben kann. Da die emotionale Reaktion von den Mitmenschen weder verstanden noch geschätzt wird, geraten Traumaopfer häufig in den Verdacht, unbeherrscht oder verrückt zu sein. „Du spinnst ja!" ist ein oft gehörter Kommentar. Das treibt die Betroffenen in die Verzweiflung, denn sie verstehen sich ja selbst nicht.

Trigger zeigen sich verschieden. Zu den häufigsten Reaktionen gehören:
- plötzliche heftige Wut;
- abgrundtiefe Verzweiflung;
- Fluchtgedanken;
- abdriften, sich wie im Nebel oder unter einer Käseglocke fühlen;
- erstarren;
- körperliche Symptome wie plötzliche Kopfschmerzen, Brechreiz, Atemnot;

• Panik oder Angstzustände.

Die Arbeit mit Triggern gehört zu den wichtigsten Bestandteilen unserer Arbeit. Wir wissen, dass jede Triggerreaktion einen direkten Bezug zum auslösenden Trauma hat. Erst wenn es uns gemeinsam mit den Klienten gelingt, diesen Zusammenhang zu finden, kann der Betroffene sein Verhalten definitiv verändern. Da diese Arbeit so wichtig ist, widmen wir ihr ein eigenes Kapitel.

Wenn Sie jetzt erkennen, dass Sie zuweilen getriggert sind, dann können Sie sich entspannt zurücklehnen. Sie haben einen Grund für Ihr Verhalten, wenngleich diese Ursache in der Vergangenheit liegt. Sie sind nicht verrückt, unbeherrscht oder gestört, sondern traumatisiert. Und dieses Trauma können Sie heilen.

Verschiedene Studien kommen zu dem Schluss, dass auch das Dissoziieren – sich Wegblenden – beweisend für ein Trauma ist. Dabei handelt es sich um ein autonom vom Gehirn gesteuertes Verhalten, das der Betroffene zuerst einmal nicht beeinflussen kann. Mit diesem Verhalten schützt sich ein Mensch vor der Überforderung durch den traumatischen Input. Das Gehirn schaltet einfach aus! Im Volksmund sagt man dazu „Verdrängen", doch dieses Wort beinhaltet eine gewisse bewusste Beteiligung desjenigen, der verdrängt. Das Dissoziieren geschieht jedoch genauso autonom wie das Ausschütten von Adrenalin bei Stress.

Unterscheiden Sie deshalb Dissoziieren von Abschalten. Abschalten tun Sie bewusst, wenn ein Thema Sie nicht interessiert oder wenn Ihnen Menschen oder Situationen auf die Nerven gehen. Sie entscheiden den Zeitpunkt, wann Sie ab- und wann Sie wieder anschalten. Beim Dissoziieren haben Sie keine Wahl. Das Dissoziieren gehört zu den Triggerreaktionen. Wenn Sie sich wegblenden, dann nur, wenn Sie etwas erleben, das Sie an Ihr Trauma erinnert.

Wenn Sie einen der folgenden Sätze unterschreiben könnten, dann besteht die Möglichkeit, dass Sie traumatische Erlebnisse hatten:
• Ich fühle mich nur dann wohl, wenn ich immer genau weiß, was passieren wird. Andere beschweren sich darüber, dass ich sie kontrolliere.

- Ich bin Pessimist und male mir häufig das Schlimmste aus, ohne dass ich daran etwas ändern könnte.
- Mir fällt auf, dass ich manchmal unverhältnismäßig heftig auf Situationen reagiere, die andere nicht berühren.
- In bestimmten Situationen bin ich plötzlich abwesend und habe das Gefühl, neben mir zu stehen.

Plötzlich geht der Vorhang auf!
Wenn sich das Trauma ungebeten in Erinnerung ruft

Sie haben ein ganz normales Leben geführt, bis zu jenem Tag, an dem Sie völlig aus der Bahn geschleudert wurden. Plötzlich ist nichts mehr so, wie es war, denn plötzlich ging der Vorhang auf zu Ihrem ganz persönlichen Horrorkabinett. Plötzlich erinnern Sie sich an Erlebnisse, die Sie so viele Jahre lang völlig vergessen hatten, Emotionen steigen auf, Körperempfindungen überfluten Sie.

Wie kann es sein, dass die Erinnerung an dieses Trauma Jahre lang in einer Nische Ihres Gedächtnisses gewartet hat, um Ihr Leben jetzt aus der Bahn zu werfen? Menschen, denen so etwa passiert, stehen fassungslos vor sich selbst und ihren überwältigenden Gefühlen.

Vielleicht ahnen Sie bereits, was so eine unfreiwillige Zeitreise in die persönliche Hölle auslösen kann: Ein heftiges Triggererlebnis kann die Schutzbarrieren durchbrechen und die Erinnerungen an die Oberfläche des Bewusstseins holen.

Geburten können solche Triggererlebnisse sein. Durch den heftigen Schmerz und das völlige Ausgeliefertsein können Erinnerungen an einen sexuellen Missbrauch auftauchen. Diese Erinnerungen sind nur selten vollständig, sondern eher fragmentiert. Schreckliche Gefühle oder Körperempfindungen, einzelne Bilder, welche die Betroffenen nicht einordnen können, können Verwirrung und Verzweiflung auslösen.

Durch Körpertherapien können Traumata ebenfalls an die Oberfläche katapultiert werden. Wir sprechen häufig davon, dass sich der Körper „alles merkt". Der deutsche Traumatherapeut Hilarion Petzold nennt dieses körperliche Gedächtnis „Leiberinnerung". Peter Levine geht Traumata vor allem über den Körper an. Körperarbeit ist wirkungsvoll und kann sehr tief gehen. In den Händen von gut ausgebildeten Therapeuten ist Körperarbeit ein großer Segen.

Auf diesem Sektor wie auch in der sogenannten „Psychoszene" wirken jedoch viel zu viele Leute, die nach dem Besuch weniger Kurse ihre Praxen eröffnen und keine Ahnung von den Reaktionen haben, die sie auslösen können. So gibt es Körpertherapeuten, die auf dem Standpunkt stehen, dass nur die Gefühle „hochkommen", mit denen der Klient auch umgehen kann. Diesen Standpunkt teilen wir nicht, weil wir im Zusammenhang mit Trauma zu oft das Gegenteil erleben. Die wenigsten Körpertherapeuten kennen sich mit Triggerreaktionen aus. Viele glauben an die reinigende Kraft starker Emotionen und wissen nicht, dass ihr Klient gerade emotional in sein Kindheitstrauma abrutscht, aus dem er sich nicht allein befreien kann. Einer Klientin von Christiane, einer erfahrenen Körpertherapeutin, geschah dies völlig unvorbereitet bei einer Weiterbildung. Weder Ausbilder noch Kollegen kümmerten sich um sie, und sie brauchte Monate, um sich wieder zu fangen.

Damit kommen wir zum Thema „Familienstellen nach Hellinger" und dem Unheil, das nicht ausgebildete Aufsteller anrichten. Ohne Ausbildung und ohne Wissen um die Folgen werden Traumaopfer von solchen selbst ernannten Lebensberatern gezwungen, sich vor ihren Peinigern zu verbeugen und damit retraumatisiert. Mit den Folgen befassen wir uns in der Praxis oft genug und empfehlen allen, die eine Aufstellung machen wollen, deshalb dringend, sich vom Ausbildungsstand der Therapeuten zu überzeugen und vor der eigenen Aufstellung einen Kurs als Stellvertreter zu buchen, um zu prüfen, ob es die „richtige" Methode ist.

Je älter ein Mensch wird, umso durchlässiger scheinen die Barrieren gegenüber den Erlebnissen der Kindheit zu werden. So kann es durchaus passieren, dass sich ein älterer Mensch plötzlich an ein lange verdrängtes Trauma erinnert. So geschah es der Teilnehmerin eines unserer Seminare, die sich nach fünfzig Jahren plötzlich an einen sexuellen Missbrauch durch ihren Vater erinnerte. So schockierend diese Erinnerung auch sein mag, können die meisten älteren Menschen auf ein Leben voller Ressourcen zurückblicken. Meist haben sie schon so viel geschafft, dass sie mit Hilfe einer stützenden Therapie auch diese Situation meistern.

Es gibt verschiedene Auslöser für die spontane Erinnerung an ein Trauma. Niemand, den wir kennen, fühlt sich dadurch erleichtert – im Gegenteil! Wenn Ihnen so etwas passiert ist, sollten Sie nicht lange zögern und sich bald therapeutische Hilfe suchen. Ob Ihnen der Ausweg aus dem Gefühls-chaos allein gelingt, ist fraglich. Auf jeden Fall können Sie den Verlauf mit kompetenter Begleitung deutlich beschleunigen.

Habe ich ein eigenes Trauma oder nehme ich teil am historischen Familiendrama?

Es ist nicht möglich, ein Trauma nicht zu kommunizieren, da Kommunikation viel mehr ist als nur das gesprochene Wort. Eltern teilen, ob sie wollen oder nicht, eigene Belastungen ihren Kindern mit.

Erlebnisse im Krieg und auf der Flucht, die ständige Bedrohung des eigenen Lebens und des Lebens der Familie, ganz zu schweigen von den Schrecken der Konzentrationslager, hinterlassen bleibende Spuren bei allen Menschen. Im Internationalen Diagnoseschlüssel ICD 10 Kapitel V (F) werden diese Spuren unter F 62.0 „andauernde Persönlichkeitsänderung nach Extrembelastung" wie folgt aufgeführt:

- „feindliche oder misstrauische Haltung der Welt gegenüber;
- sozialer Rückzug;
- Gefühle der Leere und der Hoffnungslosigkeit;
- ein chronisches Gefühl von Nervosität wie bei ständigem Bedrohtsein;
- Entfremdung."

Wenn wir jetzt bedenken, dass die Mehrheit der am Zweiten Weltkrieg beteiligten Menschen mehr oder weniger traumatisiert ist, wird verständlich, warum wir es so häufig mit den Folgen des Dritten Reichs zu tun haben. Deutsche und Österreicher haben dabei ein ganz eigenes Schicksal: Sie waren die Täter und schienen aus diesem Grund kein Recht darauf zu haben, die eigenen Traumata zu verarbeiten.

Das durch den Zweiten Weltkrieg ausgelöste emotionale Trauma der Deutschen ist keinesfalls bewältigt. Dies zeigte sich unter anderem bei der Fußballweltmeisterschaft, die 2006 in Deutschland stattfand. Freunde aus den USA, die uns in Wolfegg besuchten, meinten zur Begrüßung, wir Deutschen seien ein stolzes Volk; überall sehe man die deutsche Fahne. Erstaunt hörten sie, dass dies eine einzigartige Ausnahme sei, die im ganzen Volk als große Befreiung erlebt werde. Das Hissen der deutschen Fahne rückte den deutschen Bürger zuvor in die Nähe rechtsextremer Gruppen. Unsere Haushaltshilfe weigerte sich beispielsweise, die deutsche Fahne zu bügeln, die wir vorschriftsgemäß am Heck unseres Segelbootes führen und die jedes Jahr gewaschen wird. Wie anders gehen unsere skandinavischen Nachbarn mit ihrer Nationalität um! Es gibt kaum ein Haus, an dem nicht die Landesfarben in rot-weiß, rot-blau oder blau-gelb im Wind flattern.

Auch Deutsche wurden durch den Zweiten Weltkrieg schwer traumatisiert. Flucht, Vertreibung, Bombardierung, Tod und die Schuld, die Menschen aus der Generation unserer Urgroßeltern und Großeltern auf sich geladen haben, lasten immer noch schwer auf den Familien. Für die Flüchtlinge und Vertriebenen, die Ausgebombten und diejenigen, die ihr Hab und Gut und so viele Familienmitglieder verloren haben, gab es keinen Platz, an dem sie mit ihrem Leid willkommen gewesen wären.

Es geht uns keineswegs darum, die Schuld der deutschen Nationalsozialisten zu verkleinern, nein, wir erleben ja immer wieder, dass die wirklich Schuldigen ihre Taten schönreden und leugnen. Die emotionale Aufarbeitung der Tatsache, dass sehr viel mehr Menschen "davon gewusst haben", als sie es ihren Kindern und Enkeln gegenüber zugeben, hat großenteils noch nicht begonnen.

Die meisten Betroffenen verarbeiteten die Mischung aus eigenem Trauma und schwerer Schuld durch Schweigen. Viele wurden hart, besonders die Frauen, die allein mit ihren Kindern flüchten mussten, und die Frontsoldaten. Diese Härte, die das Überleben sicherte und den Neuanfang erleichterte, wurde als wichtige Eigenschaft weitergegeben, Sensibilität und Empathie dagegen als störend abgelehnt. So kamen viele Menschen in ihren seelischen Bedürfnissen zu kurz.

Heute sind die Schuldigen fast alle gestorben. Es leben jedoch noch viele derjenigen, die im Dritten Reich als Kinder und Jugendliche nationalsozialistische Erziehung genossen haben. Diese Menschen haben heute Kinder und geben unwissentlich ihre Prägungen und Traumata an diese weiter. Gar nicht so selten zeigt es sich vor allem in Aufstellungen, aber auch in der Einzelpraxis, dass die Symptome des Klienten ein Trauma vermuten lassen könnten, ohne dass jedoch ein eigenes Trauma vorliegt. Wie unterscheidet sich die Symptomatik eines übernommenen Traumas von der eines eigenen?

Der wichtigste Unterschied ist der folgende: Menschen, die ein eigenes Trauma erlitten haben, kennen Triggersituationen. Dagegen leiden diejenigen, die als Kinder traumatisierter Eltern aufwuchsen, eher an einer konstanten Eintrübung der Stimmung. Kein Mensch wird trübsinnig geboren. Kleinkinder zeigen überschäumende Emotionen; die Impulskontrolle muss langsam erlernt werden. Ständiger Trübsinn ist nicht charakterlich angelegt, sondern entsteht durch entsprechende Prägungen.

Von Depressiven unterscheiden sich diese Menschen dadurch, dass sie durchaus Gefühle haben und ihr Leben gut regeln können. Sie schlafen meist gut, doch die allgemeine Lebensfreude lässt zu wünschen übrig. Häufig können sie sich an kein anderes Lebensgefühl erinnern, denn auch zu Hause war die Stimmung meist gedrückt.

Menschen, die durch Extremsituationen traumatisiert wurden, neigen dazu, ihre Kinder besonders gründlich auf die Gefahren der Welt vorzubereiten. Nur zu Hause sind sie sicher, und Vater und Mutter überbieten sich darin, die lauernden Gefahren aufzuzählen, die Leib und Leben des Kindes bedrohen. Ein Kind, das in einem solchen Familienklima aufwächst, kann – bei besonderer Sensibilität -, eine Angststörung entwickeln.

Traumatisierte Eltern wissen nicht, dass sie ihr Trauma nicht verbergen können. Wir wollen sie in keiner Weise für das verantwortlich machen, was sie ihren Kindern mitgegeben haben. So sind die Spielregeln dieser Erde: Eltern geben, ob sie wollen oder nicht, die eigene Prägung an die nächste Generation Kinder weiter. Die wenigsten Menschen auf diesem Planeten haben die Möglichkeit, sich mit ihrem Seelenleben auseinanderzusetzen; die meisten sind damit beschäftigt, die grundlegenden Bedürfnisse nach

Überleben, Nahrung, Wasser und Unterschlupf sicher zu stellen. Die wenigen unter den Jüngeren, die in einer friedlichen Welt des Wohlstands leben und über genügend Zeit und Geld verfügen, sich um ihr Seelenleben zu kümmern, sollten sich klar machen, dass dies ein Luxus ist, den unsere Eltern, die Deutschland wieder aufbauten, nicht genossen haben. Dass so viele junge Eltern heute zu uns kommen, weil sie das historische Familiendrama nicht an ihre Kinder weitergeben wollen, begrüßen wir sehr. Dann muss die „Schuld der Väter" vielleicht nicht „bis ins siebte Glied" weitergegeben werden.

Sie haben wahrscheinlich das Trauma Ihrer Eltern übernommen, wenn

- Sie an einem konstanten Mangel an Lebensfreude leiden,
- Sie sich an kein anderes Lebensgefühl erinnern können,
- Sie gut schlafen und über ausreichend Energie verfügen, um Ihren Alltag zufriedenstellend zu regeln,
- Sie keine Triggersituationen kennen,
- Ihre Eltern Traumata erlebt haben, ganz gleich ob sie darüber sprachen oder ihre Erlebnisse für sich behielten.

Wenn Sie vermuten, dass Sie ein Trauma übernommen haben, kommen Sie um einen Ausflug in Ihre Familiengeschichte nicht herum. Fragen Sie Ihre Eltern und Anverwandten oder Freunde der Familie. Was ist historisch geschehen? Wälzen Sie Bücher oder machen Sie sich im Internet schlau. Über viele Ereignisse gibt es Aufzeichnungen. Studieren Sie alte Fotoalben, stöbern Sie in alten Briefen. Damit bekommen Sie nicht nur ein vertieftes Wissen um Ihre eigenen Wurzeln, sondern sichern dieses Wissen auch für Ihre Kinder und Enkel.

Christianes Vater machte aus den Briefen seines gefallenen Bruders von der russischen Front ein Buch, durch welches Christiane dessen Erlebnisse mit den Schrecken des Krieges ganz anders nachvollziehen konnte als durch den unpersönlichen Bericht eines Geschichtsbuchs.

Es ist jedoch nicht immer der Krieg, der Eltern traumatisierte. Krankheiten, Suchtprobleme, Armut und Beziehungstraumata sind an unseren Familien meist nicht spurlos vorbeigegangen. Die Folgen von Beziehungstraumata zeigen sich leider nur in Beziehungen und damit wirken sie auf die Kinder. Manche Mutter, die sexuell missbraucht wurde, impft ihren Töchtern ein so tiefsitzendes Misstrauen gegenüber Männern ein, dass diese Schwierigkeiten haben, sich wirklich auf einen Mann einzulassen.

Die meisten Eltern sind übrigens begeistert und berührt, wenn sich die Kinder für ihre Vergangenheit interessieren. Teilnehmer unserer Ausbildungsgruppen, die sich mit ihrer Familiengeschichte beschäftigen müssen, berichteten über innige Gespräche und tiefe emotionale Begegnungen mit ihren Eltern. Nicht wenige verstehen deren Verhalten danach viel besser, so dass sie sich mit der Vergangenheit aussöhnen können. Es wird sie erleichtern, wenn sie wissen, dass nicht sie selbst betroffen sind, sondern Anteil nehmen am Trauma ihrer Eltern. Einigen reicht das bloße Wissen aus, andere brauchen ein Ritual, mit dessen Hilfe Sie eine deutliche Grenze zwischen der Familienvergangenheit und sich selbst ziehen.

Häufig lösen wir übernommene Traumata mit Hilfe einer Systemaufstellung, während derer das Trauma, symbolisiert durch einen Stein, dorthin zurückgegeben wird, wo es schon immer war. Jeder kann sein Schicksal nur selbst tragen. Die Eltern haben ihr Schicksal und die Kinder haben ein anderes. Darüber hinaus wünschen die meisten Eltern ihren Kindern ein gutes Leben und verwenden viel Zeit und Mühe darauf, dass diese „es einmal besser haben". Durch das symbolische Zurückgeben des Schicksals können die Eltern nicht zusätzlich belastet werden. Zum einen machen wir in einer Aufstellung keinen Voodoo, sondern verändern nur das innere Bild des Klienten. Zum anderen tragen die Betroffenen ihr Schicksal bereits. Diejenigen, die nichts damit zu tun haben, werden jedoch befreit. Den meisten tut es gut, mit großen Respekt auf das Leiden ihrer Eltern und Großeltern zu schauen und zu realisieren, dass es ihnen selbst trotzdem gut gehen darf.

Nur das, was wir begreifen, können wir loslassen

„Zauberwort
Schon ewig suche ich nach einem Wort, um dem Erleben einen Namen zu geben. Nach drei Therapiestunden fällt der innere Vorhang, und in großen Buchstaben ist es geschrieben: Misshandlung - Trauma.
Endlich hat meine Geschichte einen Namen. Mein Körper reagiert sofort mit spontanem tiefem Einatmen, und beim Ausatmen spüre ich eine Leichtigkeit, Schwerelosigkeit und ein inneres Wohlgefühl. Endlich kriege ich Luft, saubere, leichte Luft, und ich habe das Gefühl: ich schwebe!" Brigitte

Die Ergebnisse der modernen Hirnforschung erfüllen uns mit großer Freude, denn die Wissenschaft beweist, warum unsere Methoden funktionieren. Dass es Menschen hilft, wenn sie wissen, dass sie traumatisiert sind, haben wir oft genug erlebt. Doch warum das „Benennen" therapeutisch so wirksam ist, können wir erst jetzt wissenschaftlich beweisen. Diejenigen, die die 2. Auflage des Traumabuchs gelesen haben, dürfen sich auf eine Wiederholung freuen, die anderen erfahren möglicherweise etwas Neues.
Um zu verstehen, was sich im Gehirn während einer Traumatisierung ereignet, ist es notwendig, dass Sie verstehen, wie es Außenreize normalerweise verarbeitet.
Alle Außenreize - also all das, was wir sehen, hören, riechen, fühlen und schmecken - treffen auf einen Teil des Zwischenhirns, den Thalamus, der auch „Tor zum Bewusstsein" genannt wird. Dort werden sie sortiert, denn wir reagieren längst nicht auf alles, was wir wahrnehmen. Das können Sie selbst in diesem Augenblick beim Lesen dieses Buches testen: Wahrscheinlich konzentrieren Sie sich vor allem auf die Buchstaben, doch die Welt existiert auch außerhalb des Buches, nur wird sie im Augenblick nicht als so wichtig eingestuft, dass Sie darauf reagieren. Wenn jedoch das Telefon klingeln sollte oder gar die Türglocke, werden Sie diesen Außenreiz wahrscheinlich als so wichtig einstufen, dass er in Ihr Bewusstsein dringt.
Reize, die Beachtung finden, werden an Amygdala weitergeleitet, einen Teil des limbischen Systems. Amygdala hat mit Gefühlen zu tun; sie versieht

die Außenreize mit dazu passenden Emotionen. Hier werden auch die autonomen Reaktionen wie zum Beispiel das Ausschütten von Adrenalin veranlasst. Das Klingeln des Telefons könnte zum Beispiel Freude, Neugierde oder Ärger auslösen. Die mit Gefühlen versehenen Außenreize werden weitergeleitet an Hippocampus. Dieser Teil des limbischen Systems hat eine ordnende Funktion. Er ist dafür zuständig, Emotionen zu benennen. Außerdem scheint er das Gedächtnis zu koordinieren. Hippocampus ermöglicht, dass wir einem Geschehen einen Anfangs- und einen Endpunkt zuordnen können und dass wir uns daran erinnern, was zwischen diesen beiden Punkten geschehen ist. Wenn Sie auf einen Anruf warten, ordnet Hippocampus das neugierige, erfreute Gefühl dem erwarteten Gespräch zu. Sie wissen, warum Sie sich auf den Anruf freuen. Vielleicht ist es Ihr Partner oder Ihre Freundin.

Hippocampus steht in enger Verbindung zum Kortex, der Großhirnrinde, dem Sitz unseres Bewusstseins, wo wir beschließen, wie wir auf die erhaltenen Informationen reagieren. Im Falle des klingelnden Telefons stehen Sie auf und holen den Apparat. Sollte es Ihre Freundin sein, werden Sie gerne mit ihr plaudern. Meldet sich stattdessen das Marktforschungsinstitut XYZ und will Ihre Meinung zu bestimmten Haushaltspapierrollen oder Diamantkolliers wissen, kann es sein, dass Sie diesen Außenreiz mit einem ärgerlichen Gefühl versehen. Ihr Hippocampus gibt diesem Gefühl das Etikett „Zeitverschwendung" und Ihr Kortex veranlasst Sie, das Gespräch zu beenden und den Hörer aufzulegen. Es sei denn, Sie lieben Marktforschungsinstitute.

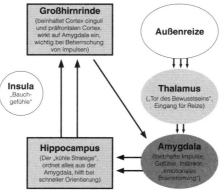

So funktioniert die Informationsverarbeitung im Alltagsleben.

Ganz anderes geschieht beim Trauma.

Durch die schockhafte Überflutung mit heftigen Emotionen wird das Tor zum Bewusstsein buchstäblich eingetreten. Der Thalamus kann die Außenreize nicht mehr in erwünschte und unerwünschte Informationen einteilen und lässt alles ungefiltert hinein. Damit kommt es zu einer Überlastung mit Eindrücken, und genau das kommt bei Amygdala an: Chaos, Überforderung, Schrecken und Panik. Dieses Chaos kann Hippocampus nicht benennen. Wenn wir ein Computerbild vom Hirn eines Menschen anschauen, der von einer für ihn traumatischen Situation erzählt, sehen wir, dass Amygdala sehr stark, Hippocampus jedoch nur wenig aktiviert ist. Da das Erlebnis nicht benannt werden kann, erfolgt keine Meldung an den Kortex. Deshalb erfolgt keine regulierende Reaktion.

Wir können jedoch nur das verarbeiten, was wir benennen können. Aus diesem Grund bleibt das Trauma im Unterbewusstsein haften. Durch Triggersituationen werden die mit dem Trauma verbundenen Emotionen und Körpergefühle erneut ausgelöst. Da die meisten Betroffenen nicht wissen, dass sie es mit einem Trigger zu tun haben, der sie an ein verdrängtes Trauma erinnert, können sie die Gefühle nicht zuordnen - nicht benennen - und daher nicht verarbeiten.

Unser Kollege Volkmar Suhr verglich die Überflutung des Gehirns mit traumatischen Informationen mit einem Korb voller Bücher, den jemand in Richtung eines leeren Bücherregals schleudert. Wie hoch ist die Wahrscheinlichkeit, dass eines der Bücher im Regal landet? Wohl eher gering und auch wenn eines der Bücher auf dem Brett zu liegen kommt, kann die darin enthaltene Information nicht genutzt werden, weil niemand weiß, dass es dieses Buch überhaupt gibt.

Die Lage wäre aussichtslos, wenn wir nicht die Möglichkeit hätten, die Zuordnung von Gefühlen zum auslösenden Ereignis über das Bewusstsein nachzuholen. Der Kortex kann direkt auf Amygdala einwirken. Sobald die Betroffenen verstehen, warum sie sich so verhalten, wie sie sich verhalten, werden die unverständlich heftigen Gefühle plötzlich verständlich, können dem auslösenden Ereignis zugeordnet und anschließend verarbeitet werden. Um in unserem Bild von den chaotisch im Raum liegenden Büchern zu bleiben, gelingt es dem Klienten, eines nach dem anderen vom Boden aufzuheben und an die richtige Stelle ins Regal zu stellen. So hat er Zugriff auf die dort befindlichen Informationen. Damit wird klar, warum das Benennen, die genaue Zuordnung, so wichtig ist. Es ist nicht nur die Erleichterung darüber, nicht verrückt, sondern „nur" traumatisiert zu sein. Über das Verstehen kann das Gefühl endlich benannt werden. Je klarer der Klient erkennt, was mit ihm passiert ist, umso leichter fällt es ihm, anders zu reagieren und schließlich Heilung zu erfahren.

Natürlich gelingt das Zuordnen und Benennen nur dann, wenn der Klient die Regie über seine Gefühle behält. Damit wird verständlich, warum eine emotionale Konfrontation mit dem Trauma, bei dem der Klient die Kontrolle verliert, überhaupt nicht heilt, sondern im Gegenteil den Betroffenen schädigt, indem es ihn retraumatisiert, denn im Gehirn wird derselbe chaotische Ablauf wie beim eigentlichen Trauma ausgelöst.

Woran erkennt der Klient, ob die Zuordnung stimmt? Die meisten berichten von sehr angenehmen Körpergefühlen. Für einige fühlt es sich wie eine herrlich warme Dusche an, andere bekommen plötzlich wieder Luft oder fühlen sich leicht. Wir nennen dieses Gefühl „bodyshift", einen Begriff, den wir uns aus dem „Focusing" Gendlins geliehen haben.

Die Traumatherapie besteht zu einem wesentlichen Teil daraus, den Klienten dabei zu unterstützen, seine persönlichen Bücher ins Regal seines Bewusstseins einzuordnen. Diese Arbeit bereitet den meisten Klienten Freude, denn langsam macht alles Sinn, und der Boden wird fest und tragfähig.

Ein Gegengewicht zum Trauma schaffen

Als wir das Buch „Imagination als heilsame Kraft" von Luise Reddemann vor Jahren lasen, fühlten wir uns inspiriert und bestätigt. Ihre sanfte Methode der Traumatherapie ergänzte hervorragend unsere systemische Vorgehensweise. Lösungs- und ressourcenorientiert arbeiten wir sowieso und Imaginationen gehören ebenfalls zum festen Bestandteil des systemischen Werkzeugkastens.

Wie wir aus den Studien der Entwicklungspsychologinnen Emmi Werner und Ruth Smith (Kauai-Studie 1955 – 1995) wissen, werden Traumata dann gut verarbeitet, wenn es genügend starke positive Ausgleichsfaktoren gibt. Dieses Phänomen fand auch Luise Reddemann bei ihrer Arbeit mit traumatisierten Menschen: Denjenigen, die instinktiv ein positives Gegengewicht zu ihrem Trauma geschaffen hatten, ging es besser als denen, die sich nur auf das schlimme Erlebnis konzentrierten.

Auch damit kannten wir uns auf Grund unserer Ausbildung gut aus: Ein wichtiger Bestandteil unserer therapeutisch systemischen Arbeit besteht darin, dem Klienten Auswege aus seiner „Problemtrance" zu zeigen. Jedes Problem löst sich leichter, wenn es dem Betroffenen gut geht und er sich kraftvoll und kreativ der Lösung zuwenden kann.

Der wichtigste Teil einer Traumatherapie, so wie wir sie verstehen, ist deshalb nicht die Beschäftigung mit dem schlimmen Erlebnis, sondern das Schaffen eines positiven Gegengewichts. Wir holen mit unseren Klienten das nach, was diejenigen, die ihr Trauma auch ohne therapeutische Hilfe verarbeiten konnten, instinktiv taten: Wir rufen die Ressourcen ins Bewusstsein, jene positiven Eigenschaften und Fähigkeiten, über die jeder Mensch verfügt, und schaffen so ein Gegengewicht zum Trauma.

Im Folgenden machen wir Sie Schritt für Schritt mit Ihren Schätzen vertraut. Stellen Sie sich vor, dass Sie diese Schätze auf Ihr Sparkonto einzahlen, um später das überzogene Girokonto ausgleichen zu können. Es hilft Ihnen wenig, wenn Sie sich ständig mit Ihren Verlusten befassen. Den Ausgleich schaffen Sie nur, wenn Sie sich die Schätze, die Sie haben, bewusst machen. Deshalb stellen Sie sich jetzt bitte die Frage:

Was kann ich gut?

Die meisten Klienten sind sehr erstaunt, wenn wir sie zuerst nach ihren Fähigkeiten fragen. Manchen fällt zuerst einmal nichts ein, da sie glauben, uns mindestens einen Nobelpreis in Chemie oder Literatur präsentieren zu müssen. Es geht jedoch gar nicht darum, möglichst spektakuläre Erfolge vorweisen zu können, sondern darum, das Augenmerk auf Ihre ganz normalen positiven Eigenschaften zu richten. Selbst wenn Sie einen Nobelpreis gewonnen hätten, würde Ihnen dieser nichts nützen, wenn Sie sich selbst dafür nicht wertschätzen könnten.

Das Wichtigste ist, dass Sie Ihr Trauma überlebt haben und das verdient Ihre persönliche Hochachtung. Sie hätten daran zerbrechen, in die Drogen- oder Alkoholsucht abgleiten oder sich umbringen können. Das alles haben Sie nicht getan! Das Kind, das Sie gewesen sind, und der erwachsene Mensch, der Sie geworden sind, haben Ihren Respekt mehr als verdient. Sie können wirklich stolz auf sich sein!

Es gibt jedoch noch viel mehr, was Sie gut machen. Können Sie ein Musikstück genießen oder sich an einer Landschaft erfreuen? Haben Sie sich und Ihren Lieben heute ein leckeres Essen gekocht oder den Tisch schön gedeckt? Ist Ihnen eine Aufgabe in Ihrem Job gut geglückt oder haben Sie ein Gespräch erfolgreich geführt? Haben Sie sich als Mutter oder Vater um das Wohlergehen Ihrer Kinder gekümmert oder haben Sie ein Haustier, für das sie sorgen? Gedeihen die Pflanzen in Ihrem Garten oder auf Ihrer Fensterbank? Es sind die ganz normalen Dinge des Alltags, die das Leben bereichern. Halten Sie nach diesen Kleinigkeiten Ausschau, dann wird Ihnen die folgende Hausaufgabe nicht schwer fallen.

> **Hausaufgabe:**
> Schreiben Sie zwei Wochen lang jeden Tag fünf Dinge auf, die Sie gut gemacht haben.

Das klingt einfach und hat doch eine tiefe Wirkung: Indem Sie sich mit Ihren Stärken (Ressourcen) befassen, geben Sie sich selbst Wertschätzung und Respekt. Sie sind niemandem mehr ausgeliefert und auf niemanden angewiesen; kein Therapeut, kein Partner muss Sie aufbauen. Heute sind Sie erwachsen und können sich an den eigenen Haaren aus dem Sumpf ziehen. Damit werden Sie frei und unabhängig.

Was macht mich froh?

Wir befassen uns noch eine Weile mit Ihrem Alltagsleben, denn dort können Sie ganz direkt ansetzen, um sich selbst zu helfen. Überlegen Sie deshalb, was Sie froh macht. Wie können Sie sich glückliche Inseln schaffen, auf denen Sie das Trauma eine Zeitlang vergessen?

Nehmen Sie sich mindestens einmal pro Woche etwas vor, was Ihnen Freude bereitet. Versuchen Sie, sich wirklich darauf einzulassen. Treffen Sie sich mit Freunden, gehen Sie ins Kino, ins Kaffee, in die Sauna, gehen Sie schwimmen, machen Sie einen Spaziergang... Ihr Leben findet heute statt und das Trauma ist längst vorbei. Gestatten Sie der Vergangenheit nicht, Ihre Gegenwart grau einzufärben!

Auf diesen glücklichen Inseln sammeln Sie Kraft. Dasselbe Prinzip verfolgen die sogenannten „Klinikclowns", die schwer kranke Menschen besuchen und zum Lachen bringen (www.Klinikclowns.de).

Mit Lachen allein heilen Sie Ihr Trauma nicht, doch gehen Sie damit, dass Sie sich selbst Erlebnisse ermöglichen, die Sie glücklich machen, einen weiteren Schritt in die Selbstständigkeit. Als Traumaopfer waren Sie abhängig und ausgeliefert. Heute sind Sie erwachsen und selbstständig. Je öfter Sie die Erfahrung machen, sich selbst helfen zu können, umso stärker und selbstbewusster werden Sie. Und damit vergrößern Sie das Sparkonto Ihrer inneren Schätze.

Innere Bilder als Orte der Heilung und der Zuflucht
(besser mit therapeutischer Begleitung)

Dass innere Bilder Ruhe und Frieden geben können, ist seit vielen hundert, wenn nicht tausend Jahren bekannt. Wir kennen die inneren Bilderreisen aus der schamanischen Heilarbeit, die tibetischen Buddhisten meditieren mit Hilfe innerer Bilder und aus dem Christentum kennen wir die Exerzitien des Ignatius von Loyola. In der Psychotherapie spricht man vom katathymen Bilderleben. Heute werden Entspannungsreisen auch im Wellnessbereich angeboten, doch die wenigsten Trainer wissen, dass sie es mit einem psychotherapeutisch hochwirksamen Instrument zu tun haben.

Wir können mit einem positiven inneren Bild einen Ort der Heilung und der Zuflucht erschaffen, der immer und zu jeder Zeit zugänglich ist. Das Trauma ist lange vorbei und existiert nur noch in Form von Bildern und Gefühlen. Positive innere Bilder bilden ein Gegengewicht zu schrecklichen inneren Bildern.

Die Anregung zu den folgenden Imaginationen gab uns Luise Reddemann – der Reise zum sicheren Ort, dem Aufbewahren eines unangenehmen

Erlebnisses im Tresor und dem Finden des inneren Schatzes. Wir haben die Bilderreisen nicht abgeschrieben, sondern zusammen mit unseren Klienten eine Form entwickelt, die die beste Wirkung zeigte. Frau Reddemann gebührt der Dank dafür, die Praxis der Imagination in die Traumaarbeit integriert zu haben.

Die Texte, die wir hier anfügen, sind Vorschläge. Sie können sich Ihren sicheren Ort nach eigenem Gusto gestalten. Das heilende Wasser ist wichtig, da Sie damit die Möglichkeit erhalten, negative Gefühle wegzuspülen und saubere, reine Energie zu tanken. Diejenigen, die glauben, dies sei „esoterischer Blödsinn", mögen sich daran erinnern, wie erfrischend eine Dusche oder ein Bad nach einem anstrengenden Tag wirken kann. Sauberes Wasser reinigt uns nicht nur äußerlich. Denken Sie an die Trinkkuren mit Heilwässern oder daran, dass jeder Erwachsene mindestens zwei Liter Wasser täglich trinken sollte, um den Körper zu entschlacken. Wenn Sie Angst vor natürlichen Wasserläufen haben, dann schaffen Sie sich an Ihrem sicheren Ort einfach ein wunderschönes Badezimmer mit Dusche.

Da innere Bilder nicht nur entspannend und wohltuend, sondern auch schrecklich und überwältigend sein können, ist es wichtig, dem Bild einen sicheren Rahmen zu geben. Reisen Sie nicht einfach los! Halten Sie sich an das Konzept, und wenn Sie den eigenen sicheren Ort entwickeln, dann achten Sie darauf, dass Ihnen alles daran angenehm ist. Am besten wäre es, wenn Sie selbst eine Aufnahme von Ihrer individuellen Reise zum sicheren Ort herstellen, was heute mit jedem Computer leicht zu machen ist. So sind Sie sicher, dass nur die gewünschten Bilder auftauchen. Wenn Sie eine Ihnen angenehme Musik darunter legen, schaffen Sie sich eine wirksame Ressource. Bei häufiger Übung wird Sie der bloße Gedanke an den sicheren Ort entspannen.

Reise zum sicheren Ort
Stell dir jetzt einen sicheren Ort vor, einen Ort, den nur du allein kennst. Wenn es ein anderer Planet ist, dann kennst nur du das Raumschiff, mit dem du dorthin fliegst. Wenn es eine Insel ist, dann kennst nur du das Schiff, mit dem du dorthin fährst. Ist es ein Berg oder ein Tal, dann weißt nur du den Weg, wie du zu ihm gelangst. Es ist ganz allein dein Ort und er

ist vollkommen sicher.

Sieh diesen Ort deutlich vor dir. An diesem Ort sind außer dir keine Menschen, die du kennst, und doch bist du nicht allein. Es sind Wesen da, die dir nur wohl wollen: Helfer, Heiler, Tiere, Engel, Feen, wen immer du möchtest. Du kannst sie zu dir rufen, sie dienen dir gerne. Dieser Ort hat genau die für dich richtige Temperatur. Wenn du möchtest, weht ein laues Lüftchen. Es wachsen nur Pflanzen, die du magst. Es ist dein Paradies.

An diesem Ort gibt es ein reinigendes Wasser, ganz nach deinem Geschmack. Es kann ein See, ein Fluss, ein Bächlein, ein Wasserfall, aber auch das Meer sein. Dieses Wasser ist angenehm warm. Es hat die Eigenschaft, alle Gefühle wegzuspülen, die dir nicht angenehm sind.

Du kannst dich jetzt ins Wasser gleiten lassen. Du bist vollkommen sicher. Bei jedem Ausatmen gibst du alle Gefühle ab, die du nicht mehr fühlen möchtest. Bei jedem Einatmen spürst du, wie klare, reinigende, heilende Kraft in dich einströmt. Bleibe in diesem Wasser und spüre, wie du immer klarer und reiner wirst. Du wirst immer klarer und immer reiner.

Wenn es dir reicht, steige aus dem Wasser heraus. Die Luft trocknet dich in Sekunden. Gehe langsam zu deinem Gefährt und fliege, fahre oder gehe den Weg zurück, der dich wieder in diese Welt hier bringt.

Die zweite Imagination, die wir Ihnen in diesem Rahmen ans Herz legen wollen, ist die „Tresorübung". Auch diese Übung stammt ursprünglich von Luise Reddemann. Sie verhilft Ihnen, Regie über die traumatischen Erinnerungen zu bekommen.

Wir werden nicht müde zu betonen, dass das Trauma vorbei ist. Es gehört der Vergangenheit an. Nur die Erinnerungen daran übernehmen zuweilen die Regie, was die Betroffenen hilflos und verzweifelt macht. Sie fühlen sich genauso ausgeliefert wie beim ursprünglichen traumatischen Erlebnis.

Es gibt jedoch einen Tresor für Sie, in dem Sie ein solches Erlebnis sicher aufbewahren können. Keine Sorge, Sie werden die Erinnerung mit dieser Übung nicht verdrängen. Die Erinnerung verliert jedoch die Macht, sich in Ihr gegenwärtiges Alltagsleben einzumischen. Es steht Ihnen frei, sich mit dieser Erinnerung zu einem Zeitpunkt Ihrer Wahl auseinanderzusetzen.

Auch diese Imagination müssen Sie üben, wenn Sie Erfolg haben wollen.

Nur wenn Sie Ihren Tresor gut kennen, werden Sie ihn in einer belastenden Situation nutzen können.

Die Tresorübung empfehlen wir auch Kollegen zur Psychohygiene. Sie eignet sich für alle belastenden Situationen und gibt Ihnen die Möglichkeit, sich im Hier und Jetzt sicher zu fühlen.

Ein unangenehmes Erlebnis oder Trauma sicher aufbewahren
Du hast gerade etwas erlebt, was dich belastet hat. Vielleicht hast du dich gerade an ein schlimmes Erlebnis erinnert. Die gute Nachricht für dich ist: Das Erlebnis ist vorbei! Stell dir vor, dass die Erinnerung daran auf einer Kassette, einer DVD, gespeichert ist.

Es gibt einen Behälter, in dem du diese Kassette, diese DVD, aufbewahren kannst. Dies kann ein Tresor sein oder eine Truhe, irgendein Ort, den du verschließen kannst.

Du allein weißt, wo sich dieser Ort befindet, du allein kennst den Weg dorthin. Du allein hast den Schlüssel. Begib dich jetzt an diesen Ort. Öffne den Tresor oder die Truhe und lege jetzt ganz bewusst die Kassette, die DVD, hinein. Du bewahrst sie dort sicher auf. Dann schließe den Tresor oder die Truhe mit dem Schlüssel zu.

Schau dir den verschlossenen Tresor oder die Truhe genau an. Du allein bestimmst, ob du sie jemals wieder öffnen wirst. Nur du bestimmst, ob und wann du dir den Film mit der Erinnerung noch einmal ansehen wirst.

Jetzt begib dich an deinen sicheren Ort. Bade in deinem heilenden Wasser und spüle alle Nachwirkungen, die die Erinnerung haben mag, von dir ab. Du bist vollkommen sicher. Bei jedem Ausatmen gibst du alle Gefühle ab, die du nicht mehr fühlen möchtest. Bei jedem Einatmen spürst du, wie klare, reinigende, heilende Kraft in dich einströmt.

Bleibe in diesem Wasser und spüre, wie du immer klarer und reiner wirst. Du wirst immer klarer und immer reiner.

Wenn es dir reicht, steige aus dem Wasser heraus. Die Luft trocknet dich in Sekunden. Gehe langsam zu deinem Gefährt und fliege, fahre oder gehe den Weg zurück, der dich wieder in diese Welt hier bringt.

Die dritte Imagination ist eine Entdeckungsreise zu Ihrem unverletzbaren, kostbaren Kern, dem Teil in Ihnen, der trotz allem heil geblieben ist. Dass es einen solchen Kern gibt, ist natürlich ein spirituelles Konzept, dem jedoch keine Religion widerspricht. Die Tatsache allein, dass Jesus Christus am Kreuz für unsere Sünden starb und uns damit befreite, weist darauf hin, dass wir Menschen es wohl wert sein müssen.

Sie können selbst entscheiden, ob Sie dieses Konzept für sich ausprobieren wollen. Die meisten unserer Klienten lieben diese Imagination. Wir empfehlen, das Symbol für den kostbaren inneren Schatz zu gestalten und dieses Bild als Anker für die heilsame Erfahrung zu verwenden.

Den kostbaren inneren Schatz am sicheren Ort entdecken
Du bist auf dem Weg zu deinem sicheren Ort und freust dich, gleich wieder dort zu sein. Schon siehst du den sicheren Ort vor dir und jetzt bist du da. Heute steht dir ein besonders schönes Erlebnis bevor: Du wirst einen Schatz finden, einen unendlich wertvollen Schatz.
Der Schatz befindet sich an deinem sicheren Ort. Rufe eines der Wesen zu dir, die deinen sicheren Ort bevölkern, einen Engel, eine gute Fee, ein hilfreiches Tier, und bitte dieses Wesen, dir den Weg dorthin zu zeigen. Das liebevolle Wesen geht neben dir oder vor dir her und weiß genau, wo sich dein Schatz befindet. Gleich bist du da, du siehst ihn schon vor dir.
Jetzt bist du angekommen. Du stehst an der Stelle, wo sich dein unendlich kostbarer Schatz befindet. Er mag in einer Truhe in einem Schatzhaus liegen, in einem Tempel oder in einer Höhle. Das liebevolle Wesen kann ihn dir auch zeigen. Schau dich einfach um und finde deinen Schatz.
Jetzt hast du ihn gefunden. Betrachte ihn, berühre ihn! Er ist unendlich kostbar und gehört dir allein. Du spürst, dass dieser Schatz ein Symbol für dich selbst ist. In dir ist etwas, das unendlich kostbar ist, ein wahrer Schatz. Dieser Schatz ist vollkommen heil. Er war immer heil und wird immer heil sein.
Genieße das Gefühl, eins zu sein mit deinem innersten Schatz. Und jetzt lass dir dafür ein Symbol einfallen, das du mitnehmen kannst in diese Welt. Und dann gehe zurück zu deinem Gefährt oder zu deinem nur dir bekannten Weg und fahre oder gehe zurück in diese Welt.

Der „Erste-Hilfe-Koffer" für die Seele

Es ist ein Irrtum zu glauben, dass Sie unbedingt andere Menschen brauchen, um Ihren Seelenfrieden zu finden. Als Kind hätten Sie Eltern gebraucht, die Sie liebevoll beschützten. Heute sind Sie erwachsen und können selbst sehr viel dazu tun, um sich zu trösten.

Stellen Sie Ihren eigenen „Erste-Hilfe-Koffer" für Ihre Seele zusammen. Was gehört in Ihren Koffer?

Die folgende Liste führt die am meisten genannten Trostmittel auf. Lassen Sie sich für Ihren eigenen Koffer inspirieren:

- Bilder vom sicheren Ort und vom kostbaren inneren Kern;
- Fotos von geliebten Menschen und Tieren;
- Telefonnummern von Freundinnen und Freunden, Hilfsorganisationen, Therapeuten;
- Handy;
- CDs oder MP3 mit der Lieblingsmusik;
- Kosmetik;
- Kuscheltiere, Puppen;
- Bücher;
- Schokolade oder andere Süßigkeiten.

Außer Sie selbst geht der Inhalt des Koffers niemanden etwas an. Lassen Sie sich nicht verunsichern. Wenn Sie sich zu Kuscheltieren oder Puppen hingezogen fühlen, dann meldet sich Ihr inneres Kind zu Wort. Gönnen Sie sich doch einfach das Kuscheltier oder die Puppe, die Sie als Kind aus irgendwelchen Gründen nicht bekommen haben!

Gestalten Sie Ihren Koffer. Wir haben wunderschön gestaltete Kästchen gesehen, ausgekleidet mit Samt und Seide und mit wahren Kostbarkeiten gefüllt. Und genießen Sie das Gefühl, sich etwas Gutes zu tun.

Der Umgang mit Hindernissen

„Gut und schön", sagen Sie jetzt vielleicht, „doch das alles funktioniert nicht bei mir." Dies hören wir gar nicht so selten, und deshalb stellen wir Ihnen jetzt vor, wie wir mit den häufigsten Hindernissen umgehen.

Hinderliche Glaubenssätze

Manche Menschen können sich selbst nicht loben. Wenn wir nachfragen, stoßen wir auf Glaubenssätze, die das „Eigenlob" verbieten. Meist stammen diese Glaubenssätze aus der Kindheit. Da Sie jetzt erwachsen sind, könnten Sie den Wahrheitsgehalt dieser Verbote überprüfen. Folgende Glaubenssätze könnten die Schaffung des Gegengewichts erschweren:

Das sind doch alles Selbstverständlichkeiten und nicht der Erwähnung wert.
Fragen Sie sich, wo und wann Sie diesen Satz schon einmal gehört haben. Kann es sein, dass Ihre Eltern Sie nicht oder nur selten gelobt haben? War es in Ihrer Familie möglicherweise selbstverständlich, gute Leistungen zu bringen? Haben Sie sich als Kind nicht gewünscht, für das, was Sie gut gemacht hatten, gelobt zu werden? Und nun verweigern Sie sich selbst das, was Sie sich so sehr wünschten! Sie könnten ja mal was Neues ausprobieren!

Eigenlob stinkt!
Vielleicht wollten Ihre Eltern Sie zu einem demütigen Menschen erziehen, der sich selbst und seine Bedürfnisse immer ganz nach hinten stellt. Sich um andere zu kümmern wurde dagegen gelobt, der biblische Satz „Liebe deinen Nächsten wie dich selbst" nur auf die Sorge für den anderen projiziert. Doch wenn Sie diesen Satz genau lesen, dann kommen Sie gleichberechtigt darin vor. Es scheint äußerst wichtig zu sein, dass Sie gut mit sich umgehen, denn nur wenn Sie sich selbst lieben, können Sie dieses Gefühl auch Ihren Mitmenschen schenken.

Es gibt sicher noch andere Glaubenssätze, die die Wertschätzung eigener

Ressourcen erschweren. Den Lesern, die sich nicht wertschätzen können, raten wir, die Unterstützung eines Therapeuten zu suchen. Machen Sie sich die Wirkung von Wertschätzung und Abwertung bewusst. Probieren Sie beides einfach aus.

Hausaufgabe bei hinderlichen Glaubenssätzen
(besser mit Therapeut):
Heute schreiben Sie die fünf Dinge auf, die Sie gut gemacht haben. Notieren Sie die Gefühle, die Sie dabei empfinden. Wie geht es Ihnen mit Ihren Mitmenschen? Wie kommen diese auf Sie zu?

Morgen schreiben Sie auf, was Sie Ihrer Meinung nach schlecht machen. Sie dürfen sich gerne gründlich abwerten. Schreiben Sie danach auf, wie Sie sich dabei fühlten. Wie geht es Ihnen mit Ihren Mitmenschen? Wie kommen diese auf Sie zu?

Übermorgen konzentrieren Sie sich wieder auf Ihre Stärken, am nächsten Tag auf Ihre Schwächen.
Setzen Sie diese Aufgabe zwei Wochen lang fort.

Nach zwei Wochen lesen Sie Ihre Aufzeichnungen und entscheiden selbst, ob Sie sich weiter abwerten oder ob Sie sich wertschätzen wollen. Es ist Ihr Leben und Sie bestimmen, wie Sie es gestalten.

Es versteht sich von selbst, dass Sie diese Hausaufgabe immer dann durchführen können, wenn Sie zwischen zwei Alternativen stehen, ganz gleich ob es sich um innere Zustände handelt oder ob Sie sich zwischen zwei Partnern, Jobs oder Wohnungen nicht entscheiden können. Probieren Sie beides aus, nur tun Sie es nacheinander mit genügend großem zeitlichem Abstand, damit Sie sich wirklich einfühlen können. Für die meisten unserer Klienten ist die Entscheidung nach zwei Wochen klar.

Depression

Können Sie sich über nichts mehr freuen? Verlaufen Ihre Tage eintönig und grau? Haben Sie zu wenig Energie, um Ihren Alltag zu bewältigen? Schlafen Sie schlecht und wachen viel zu früh auf? Trauen Sie sich nichts mehr zu und werden von diffusen Ängsten geplagt?

Wenn Sie diese Fragen mit „Ja" beantworten, dann ist es wahrscheinlich, dass Sie an einer Depression leiden. In diesem Fall können Sie weder mit positiven Ressourcen noch mit glücklichen Inseln wirklich etwas anfangen. Ihr Hormonstoffwechsel ist aus dem Gleichgewicht geraten; Ihr Körper produziert zu wenig Serotonin. Der nächste Schritt für Sie ist der Weg zum Arzt. Heute gibt es ausgezeichnete Medikamente, die den Serotoninmangel ausgleichen. Keine Sorge, Antidepressiva machen nicht süchtig, da sie erst zwei bis drei Wochen nach der ersten Einnahme Wirkung zeigen. Früher haben wir versucht, depressive Klienten nur mit Psychotherapie zu stabilisieren. Doch wir mussten einsehen, dass das Krankheitsbild die Verbesserung verhindert. Seitdem raten wir zur Einnahme von Antidepressiva. Es mag einige begabte Homöopathen geben, denen es gelingt, die Depression günstig zu beeinflussen. Doch das muss dann bald klappen. Langes Herumprobieren ist schädlich, weil die Depression selbst viel schwerere unerwünschte Wirkungen hat als die Antidepressiva. Außerdem dürfen wir nicht vergessen, dass Depressive wenig Lebensmut haben und in der Selbstmordstatistik ganz weit vorne liegen. Aus diesem Grund sind wir Therapeuten verpflichtet, alles uns mögliche zu tun, um dem Betroffenen rasch zu einer Besserung zu verhelfen.

Ich sehe keine inneren Bilder!

Immer wieder begegnen uns Menschen, die keine inneren Bilder sehen können. Das hindert uns nicht an der Arbeit mit den heilenden Konzepten, denn es ist vor allem wichtig, sich mit der Existenz eines sicheren Ortes, eines unverletzbaren Kerns und eines Tresors, in dem alle unangenehmen Gefühle aufbewahrt werden können, zu beschäftigen.

Wenn Sie keine inneren Bilder sehen können, dann steht es Ihnen frei, äußere Bilder zu erschaffen. Werden Sie kreativ:

- Malen Sie den sicheren Ort.
- Kleben Sie eine Kollage aus Bildern, die Ihnen gefallen.
- Gestalten Sie den sicheren Ort aus Ton, Holz oder Plastilin, verwenden Sie Pappe oder buntes Papier, Mineralien, Blattgold, Stoffreste, Wolle usw.

Die Wasserübung können Sie getrost unter die Dusche verlegen. Stellen

Sie sich beim Duschen vor, wie alles, was Sie beschweren mag, von Ihnen abgespült wird. Ganz Fleißige können bei jedem Glas Wasser, das sie trinken, an Reinigung und Heilung denken.

Auch die Tresorübung können Sie realistisch gestalten: Bauen Sie sich einen Tresor. Nehmen Sie einen Karton, eine Kiste oder eine Kassette, schreiben Sie die unangenehmen Gefühle in Stichworten auf und legen Sie den Zettel in Ihren persönlichen Tresor.

Den inneren Schatz können Sie ebenfalls gestalten. Das empfehlen wir auch den Klienten, die keine Schwierigkeiten mit inneren Bildern haben. Eine von Christianes Klientinnen stellt immer dann, wenn es ihr nicht gut geht, ein Symbol für ihren inneren Schatz her. Damit kann sie sich in kürzester Zeit trösten und beruhigen.

Das „Täterintrojekt"

Die meisten Menschen beschäftigen sich sehr gern mit dem, was sie gut können. Doch es gibt Ausnahmen: Diejenigen, die als Kinder seelisch und körperlich misshandelt wurden oder sexueller Gewalt ausgesetzt waren, haben damit zuweilen große Schwierigkeiten. Sie scheinen in ihrem tiefsten Inneren vollkommen davon überzeugt, nichts wert zu sein und nichts zu können. Jeden Misserfolg nutzen sie, die Therapeuten von ihrer Minderwertigkeit zu überzeugen. Einerseits wollen sie natürlich, dass es ihnen besser geht. Andererseits können sie eigene Erfolge überhaupt nicht anerkennen. Eine von Christianes Klientinnen begann die erste Sitzung mit den Worten: „Sie werden sehen, ich werde auch Sie enttäuschen." Meist haben die Betroffenen lange Geschichten mit psychischen oder körperlichen Symptomen hinter sich und häufig auch einige nutzlose oder abgebrochene Therapien.

Wenn wir solche Geschichten hören, wissen wir, dass wir es mit „Täterintrojekten", Virusprogrammen im Seelencomputer zu tun haben. Introjekte sind etwas ganz Normales. Jeder von uns verinnerlicht Informationen. Je öfter wir etwas hören, umso besser „sitzt" der Stoff. Auf dieses Prinzip hoffen nicht nur Eltern bei der Erziehung ihrer Kinder, sondern alle Institutionen, die Wissen vermitteln, und natürlich die Medien. Bestimmte Sprüche aus der Werbung kennen wir so gut, dass wir sie mit einem Augenzwinkern im Alltag verwenden, zum Beispiel den Satz aus der Werbung für ein alkoholfreies Bier „Nicht immer, aber immer öfter!" (Clausthaler), den Spruch aus der Kosmetikwerbung: „Weil ich es mir wert bin!" (L'Oréal) oder „Wohnst du noch oder ... du schon?" (IKEA).

Auf dieselbe Weise verinnerlichen wir die Sprüche unserer Eltern und Lehrer. Solange sie uns positiv dabei unterstützen, unser Leben zu gestalten, ist dagegen nichts einzuwenden. Nun gibt es aber Informationen, die genau das Gegenteil bewirken, die uns also belasten und behindern. In den meisten Fällen ist uns nicht bewusst, dass es sich dabei um Introjekte handelt; wir glauben, dass wir so sind.

Kinder, die ein Beziehungstrauma erlitten haben, leiden als Erwachsene unter solch behindernden Introjekten. Sie haben die Abwertungen so verinnerlicht, dass sie diese auf sich selbst anwenden. Deshalb werden diese Introjekte in der psychologischen Fachsprache den Tätern zugeordnet, denjenigen, die aktiv an der Traumatisierung des Kindes beteiligt waren. Wir sprechen lieber von Virusprogrammen in der Seele.

Wie unterscheidet sich ein solches Virusprogramm von den Glaubenssätzen, über die wir schon geschrieben haben?

Das Virusprogramm setzt sich aus vielen Glaubenssätzen zusammen; es ist wie ein Lebensskript, das zum Ziel hat, den Menschen klein und wertlos zu halten. Ein einzelner Glaubenssatz ist rasch transformiert. Ein so umfassendes Virusprogramm braucht einen anderen Ansatz. Uns wundert es nicht, dass sowohl Therapeuten als auch Klienten an der Auflösung eines solchen Programms scheitern. Meist ist darin nämlich ein Doublebind verborgen, eine doppelte Wirklichkeit, die sich wie folgt darstellt:

In der Vergangenheit erlebte sich das Kind als Opfer von Erwachsenen, die es misshandelten, missbrauchten oder vernachlässigten. Es fühlte sich ausgeliefert, hilflos und verzweifelt. Der Erwachsene gab dem Kind jedoch häufig die Schuld für die „Bestrafung":

„Wenn du nicht so blöd wärst, müsste ich nicht so mit dir reden."

„Wenn du nicht geboren wärst, hätte ich ein besseres Leben!"

„Glaubst du nicht, dass es mir noch mehr weh tut als dir, wenn ich dich so schlagen muss!"

„Du hast mich verführt, du wolltest es gar nicht anders."

„Du hast dich wieder schmutzig gemacht und stinkst, deshalb muss ich dich dort waschen."

Damit entsteht im Kind ein zweite Wirklichkeit: Es verinnerlicht die Beschuldigungen des Erwachsenen und gibt sich somit selbst die Schuld an den Erlebnissen, die es traumatisiert haben. Es befindet sich in einem Doublebind, einer Zwickmühle: Es ist gleichzeitig Opfer und Täter.

Als Erwachsene haben die Betroffenen diesen Doublebind verinnerlicht. Sie inszenieren ihn unbewusst selbst und wiederholen damit ihr Kindheitstrauma. Indem sie die Rolle des Täters einnehmen, machen sie sich selbst zum Opfer.

Christiane erlebte dieses Muster eindrücklich mit einer Klientin. Diese beklagte sich heftig über ihr Schicksal, und als Christiane mitfühlend darauf einging, wechselte sie in die Täterrolle und begann sich selbst zu beschimpfen. „Ich bin ja selbst schuld, dass es mir so schlecht geht." Als Christiane fragte: „Worin besteht denn Ihre Schuld?", entgegnete die Klientin: „Was fällt Ihnen ein, mir auch noch die Schuld an meinem Leiden zu geben!"

Selbstverständlich hatte die Klientin nicht gemerkt, dass sie sich selbst innerhalb von zwei Sätzen widersprochen hatte und sie machte Christiane verantwortlich für die unerfreuliche Wendung des Gesprächs.

Einen Doublebind kann man nicht innerhalb des Paradoxons lösen. Dazu ist es nötig, das Muster von einer Metaebene aus zu analysieren – und beim Doublebind geschieht dies mit Hilfe des Verstandes. Wenn Sie sich vom Konzept des „Täterintrojekts" angesprochen fühlen, dann wäre es sicher hilfreich, unser Buch „Wege aus der Zwickmühle" zu lesen. Das Wichtigste für Sie ist jedoch: Sie sind nicht das Muster!! Es hat mit Ihrer Persönlichkeit nichts zu tun! Sie haben es als Kind verinnerlicht und sich mit ihm identifiziert. Wie ein Virusprogramm auf Ihrem Rechner verhindert dieses Skript Ihre eigene kreative Lebensgestaltung.

Ein Virusprogramm erkennen Sie daran:
- dass Sie bestimmte destruktive Verhaltensweisen nicht los werden;
- dass es in Ihnen eine Instanz gibt, die Sie ständig antreibt und nie zur Ruhe kommen lässt;

- dass es in Ihnen eine Instanz gibt, die nicht zulässt, dass Sie erfolgreich sind;
- dass es in Ihnen eine Instanz gibt, die nicht zulässt, dass Sie Erfolg genießen.

Haben Sie mindestens zwei der Möglichkeiten bei sich identifiziert, können Sie sich fragen:

- Mit welcher Stimme spricht mein innerer Sklaventreiber, mein innerer Richter, mein innerer Abwerter?
- Kommt mir die Wortwahl bekannt vor?
- Hat mich jemand – Eltern, Großeltern, Lehrer usw. – so behandelt?

Machen Sie diese Übungen nur mit therapeutischer Begleitung!

Haben Sie einen Zusammenhang zwischen dem Virusprogramm und Ihrer Kindheit hergestellt, dann wissen Sie, welche Prägung Sie verinnerlicht haben. Machen Sie sich klar, dass Sie das destruktive Verhalten der Erwachsenen, die Sie in Ihrer Kindheit traumatisiert haben, heute unbewusst kopieren: Sie machen mit sich selbst, was früher von außen kam. Damit sind Sie gleichzeitig Opfer und Täter. Ein eindrückliches Beispiel für ein solches Virusprogramm zeigen die Aufzeichnungen einer Klientin, die sie uns für dieses Buch zur Verfügung stellte:

„Ich hab ständig das Gefühl zu versagen. Auch in der Gruppe habe ich versagt. Konnte nicht zugeben, dass ich Hilfe brauche, dann hätte ich gleich zu Anfang zugeben müssen, dass ich zu doof für die Aufgabe bin. Brauche einerseits Bestätigung, dass ich gut bin, kann sie andererseits, wenn ich sie bekomme, nicht annehmen bzw. nicht wirklich glauben. Wenn ich jedoch keine Bestätigung erhalte, denke ich: Es war nicht gut genug! Ein Teufelskreis. Ich erkenne: Egal, wie auch immer jemand auf mich reagiert, er kann es mir nicht recht machen!

Möchte so gern etwas Besonderes sein, doch wenn ich mich traue, mich als etwas Besonderes zu sehen, sagt sofort eine Stimme zu mir: Wer bist du eigentlich! Was fällt dir ein, dich als etwas Besonderes zu betrachten?

Du hast kein Recht dazu, dich so wichtig zu machen, dich so großartig und besonders zu fühlen! Du bist wie jeder andere auch."
Der erste Schritt, um dieses Muster zu überwinden, besteht darin, es zu bemerken. Hier kommt der innere Beobachter ins Spiel, der so wichtig ist, dass wir ihm das nächste Kapitel widmen.

Der Beobachter – Ihr wichtigster Verbündeter

Mit diesem Kapitel stellen wir Ihnen ein Kernstück unserer Traumatherapie vor: Es geht darum, dass Sie immer mehr Abstand von der Symptomatik und damit Regie über diese gewinnen und Ihr Verhalten gleichzeitig besser verstehen.

Der erste Schritt besteht darin, dass Sie einen Waffenstillstand vereinbaren – mit sich selbst. Wie Sie täglich der Weltpolitik entnehmen können, führt Krieg nur selten – oder nie? – zum gewünschten Erfolg. Damit sagen wir nicht, dass Sie alles an sich gut heißen sollen, doch nichts bindet so sehr wie starke Gefühle. Sparen Sie sich die Energie, die Sie der Krieg gegen sich selbst kostet, und setzen Sie diese Energie stattdessen dafür ein, wirkliche Veränderungen umzusetzen. Das erreichen Sie am leichtesten, wenn Sie sich weniger auf das unerwünschte Verhalten oder das Symptom konzentrieren und mehr auf die erwünschte Lösung.

Gönnen Sie sich Unterstützung – weil Sie es sich wert sind...

Natürlich können Sie die beschriebenen Interventionen auch allein im stillen Kämmerlein durchführen, doch wir empfehlen Ihnen dringend, sich kompetente Unterstützung zu suchen. Der Therapeut sollte sich mit Traumatherapie auskennen. Dann kann er Ihnen dabei helfen, Ihre Erlebnisse einzuordnen und Sie bei Krisen unterstützen. Eine von Christianes Klientinnen drückte das folgendermaßen aus: „Du wirfst mir den Rettungsring zu, wenn ich am Absaufen bin." Kompetente Therapeuten und Therapeutinnen werden Sie bremsen, wenn Sie sich zuviel zumuten, und Ihnen Mut machen, wenn der vor Ihnen liegende Berg zu hoch erscheint. Bestimmte Interventionen sollten Sie keinesfalls alleine machen oder ziehen Sie sich normalerweise selbst die Zähne?

Sie müssen diesen Weg nicht allein gehen, ja, Sie sollten diesen Weg nicht alleine gehen! Denken Sie darüber nach, ob Sie es sich wert sind.

Das Problem zum Verbündeten machen

Wir verstehen fast jedes Verhalten – mit Ausnahme der Reaktionen auf Trigger - als Lösungsstrategie, so destruktiv es sich auch darstellen mag. Das Verhalten hat also einen Vorteil, der dem Betroffenen jedoch nicht bewusst sein mag. So lange dieser Vorteil nicht verstanden wird, kann das Verhalten nicht verändert werden.

Ein Symptom wie zum Beispiel eine Essstörung als Lösungsstrategie zu bewerten, ist ein ungewohnter Blickwinkel. Doch nur, wenn Sie verstehen, warum Sie ein Symptom oder ein Verhaltensmuster haben, können Sie es durch etwas Besseres ersetzen. Das Symptom - das Verhaltensmuster - ist unser Verbündeter, denn es führt uns zur Ursache und damit zur Lösungsstrategie. Da diese Strategien meist aus der Kindheit stammen, stehen dem Erwachsenen heute viel mehr Ressourcen zur Verfügung, um dasselbe Ziel auf leichtere und angenehmere Weise zu erreichen. Bis jetzt haben Sie im Kampf gegen Ihr Symptom oder Ihr Verhalten immer verloren und dabei eine Menge Energie aufgewendet, ohne das gewünschte Ziel zu erreichen. Jeder Kampf, den Sie verlieren, macht Sie mutloser. „Mehr desselben", nennen wir diese Scheiterstrategie, die genauso wenig erfolgreich ist wie Gasgeben, wenn sich das Auto im Schnee oder Schlamm festgefahren hat. Sie können stattdessen etwas Neues ausprobieren: Beenden Sie den Kampf gegen Ihr Symptom – und hier sind auch Ihre emotionalen Reaktionen auf Trigger gemeint. Das heißt nicht, dass Sie resignieren. Sie setzen stattdessen Ihre Energien auf eine Weise ein, die Sie Ihrem Ziel, das Symptom oder das Verhalten in positiver Weise zu verändern, wahrscheinlich näher bringen wird.

Das Problem ist Ihr stärkster Verbündeter auf dem Weg zur Heilung, denn ohne das Problem hätten Sie gar nicht gemerkt, dass etwas nicht stimmt. Es zwingt Sie sozusagen dazu, sich um eine Lösung zu kümmern. Außerdem hat es unmittelbar mit der Ursache des Traumas zu tun. Mit seiner Hilfe können Sie erkennen, womit Sie es zu tun haben. Wenn Sie es als Wegweiser zur Heilung betrachten, müssen Sie nicht mehr gegen das

Symptom kämpfen und sparen eine Menge Energie, die Sie anders nutzen können. Machen Sie das Problem zum Objekt Ihrer Untersuchung.

Den inneren Beobachter einsetzen

Wenn das Problem zum Objekt Ihrer Untersuchung geworden ist, werden Sie zum Beobachter: Sie beobachten sich dabei, wie Sie sich verhalten, ohne zuerst einmal etwas daran verändern zu müssen. Damit schlagen Sie mehrere Fliegen mit einer Klappe:

- Sie identifizieren sich nicht mehr zur Gänze mit dem Symptom.
- Sie erhalten dadurch den nötigen Abstand.
- Damit gewinnen Sie gleichzeitig mehr Regie.
- Sie sammeln wichtige Daten, um die Ursache Ihres Problems zu finden.
- Als Beobachter sind Sie auf jeden Fall erwachsen und kompetent.

In unserer Praxis machen wir den Beobachter erfahrbar, indem wir einen Stuhl für das Problem und einen für den Beobachter aufstellen. Immer wieder erleben wir, dass Menschen, die ihren Gefühlen ausgeliefert schienen, auf dem Beobachterstuhl plötzlich wieder Regie bekommen.

Eine von Christianes Klientinnen, die sich seit zwei Jahren mit der Aufarbeitung ihres Traumas beschäftigt, hatte folgenden Traum, der die wichtige Rolle des Beobachters deutlich macht:

„Ich träumte, dass ich mit meinem Vater und meiner Mutter Urlaub machte. Meine Schwester war nicht dabei. Sie schrieb mir einen Brief, in dem stand, dass mein Vater meine Mutter töten wird. In der Nacht sah ich, dass er zu ihr ins Zimmer ging. Durch ein Rundfenster mit dicken gelben Scheiben konnte ich an den Silhouetten meiner Eltern erkennen, dass sie sich stritten. Plötzlich floss unter der Tür Blut hindurch. Mein Vater kam heraus und dann passierte etwas Merkwürdiges. Ein Teil von mir tat so, als ob ich schliefe und gleichmäßig atmete. Gleichzeitig stand ich neben mir und beobachtete die Situation, in der ich, im Gegensatz zu meinen früheren Alpträumen, nicht das Gefühl hatte, es ginge um Leben und Tod. Also, die Situation war ein bisschen gespalten: Ein Teil von mir hat das Schlafen imitiert, der andere ist ganz wachsam gewesen, hat alle Bewegungen meines Vaters beobachtet. Er näherte sich mir und als er sah, dass ich

schlief, ging er weg. Ich blieb sehr wachsam, denn ich wusste nicht, ob er mich nicht auch töten wollte. Es war so seltsam, denn ich hatte nicht so schlimme Gefühle wie in den vielen Alpträumen zuvor. Zum ersten Mal ging ich nicht im Strudel der Ereignisse unter, sondern sah als Beobachterin einfach zu. Deswegen war ich nicht so belastet und behielt die Regie über mich und meine Gefühle. Dann trat meine Mutter aus dem Zimmer. Sie war gar nicht tot. Ich war so erleichtert."

Im Traum kann der Beobachter die Situation, die sich schrecklich darstellt, mit Abstand betrachten. Er ist nicht involviert. Da die Frau aus diesem Grund nicht wie schon so oft aus dem Traum aufschreckte, konnte sie zu Ende träumen und erfuhr, dass der Mord nur in ihrer Vorstellung passiert war. Der alte Film konnte diesmal ihre Realität nicht mehr verzerren – ein wichtiger Schritt auf dem Weg zur Heilung.

Wie kann man den Beobachter ganz praktisch in sein Alltagsleben einführen?

Folgende Schritte haben sich bewährt:

Führen Sie ein Triggerbuch *(besser mit therapeutischer Begleitung)*

Das Triggerbuch sollte so beschaffen sein, dass Sie es bei sich tragen können. Notieren Sie in diesem Büchlein alle Situationen, in denen Sie sich getriggert fühlten. Es ist wichtig, dass Sie Ihre Beobachtungen gleich notieren, bevor Sie wichtige Details vergessen. Da die Situation Sie an Ihr Trauma erinnert, vergessen Sie die Einzelheiten schneller, als wenn Sie sich wohlfühlen. Schreiben Sie genau auf, in welchem Kontext Sie getriggert wurden.

- Wer war anwesend?
- Wo fand die Situation statt?
- Wer hat was gesagt, gemacht, nicht getan, nicht gesagt?
- Was haben Sie gefühlt?

Auch wenn Sie erst im Nachhinein feststellen, dass Sie getriggert waren, führen Sie Buch. Notieren Sie auch scheinbar Nebensächliches. Sie wissen noch nicht, was wirklich wichtig ist.

Nutzen Sie die Intelligenz Ihres Körpers
(üben Sie dies zunächst mit therapeutischer Begleitung)

Triggersituationen werden von Ihrem Körper schneller identifiziert als von Ihrem Verstand. Immer wenn Sie in solche Situationen kommen, stellt sich gleichzeitig das Körpergefühl ein. Da Ihr Körper schneller reagiert als Ihr Verstand, können Sie das Gefühl nutzen, um aus dem Muster auszusteigen. Sobald Sie das Gefühl bemerken, versetzen Sie sich innerlich in die Beobachterposition und schauen sich zu. Beobachten Sie, was geschieht, wenn Sie sich beobachten. Auch hier ist es nützlich, wenn Sie sich danach Notizen machen.

Der gemeinsame Nenner *(besser mit therapeutischer Begleitung)*

Nach einigen Einträgen werden Sie erkennen, was diese Situationen verbindet: Sie entdecken den gemeinsamen Nenner. Dieser gemeinsame Nenner kann eine bestimmte Stimmung sein, der Sie in allen Situationen begegnen, ein besonderes Verhalten von Menschen oder Tieren, eine bestimmte Form der Kommunikation, ein spezieller Inhalt in Filmen oder Büchern. Gibt es Themen, bei denen Sie plötzlich nichts mehr verstehen oder einfach abschalten? Meist ist der detektivische Spürsinn eines geschulten Therapeuten nötig, um diese Gemeinsamkeit zu entdecken.

Detektivische Feinarbeit gefragt: Altlasten identifizieren und zuordnen

Wenn Sie das Buch bis hierher gut durchgearbeitet haben, haben sie Ihren Beobachter installiert und ein Triggerbuch geführt. Anhand Ihrer Aufzeichnungen und mit Hilfe Ihres Therapeuten haben Sie den gemeinsamen Nenner entdeckt, der alle Triggersituationen verbindet. Jetzt folgt der nächste wichtige Schritt: Sie machen sich auf die Suche nach dem auslösenden Ereignis, nach der „Mutter des Triggers". Dies tun Sie deshalb, um eine Zuordnung Ihrer als unverhältnismäßig heftig erlebten Gefühle zu einem wirklichen Ereignis zu schaffen. Erst wenn Sie diese logische Zuordnung gefunden haben, können Sie das Ereignis verarbeiten und anders auf die Triggersituationen reagieren.

Wenn wir uns jetzt der Vergangenheit zuwenden, dann nur deshalb, weil sie sich sowieso auf die Gegenwart auswirkt, denn die unbewältigte Vergangenheit greift nicht nur in das aktuelle Alltagsleben ein, sondern beeinträchtigt darüber hinaus sogar die Visionen von der Zukunft. Diesen Prozess können wir umkehren: Wir identifizieren das auslösende Ereignis in der Vergangenheit, finden dafür eine passende Lösung und befreien sowohl Gegenwart als auch Zukunft. Dass dies funktioniert, wissen wir aus unseren systemischen Familienaufstellungen nach Virginia Satir. Nicht umsonst heißen unsere Kurse: „Vergangenheit heilen – Gegenwart befreien."

Die bestechende Logik der Psyche

Sie erinnern sich, dass das menschliche Gehirn so aufgebaut ist, dass nur die Gefühle verarbeitet werden, die benannt werden können. Da das traumatische Erlebnis den Menschen in jeder Hinsicht überfordert, treten autonome Reaktionen in Kraft, die zwar das Überleben garantieren, die Möglichkeit, das Geschehen logisch zuzuordnen, jedoch gleichzeitig verhindern. Glücklicherweise ist es uns Dank unseres Verstandes möglich, diese Zuordnung nachträglich zu schaffen, so dass Traumata auch lange, nachdem sie stattgefunden haben, verarbeitet werden können.

Lange Jahre glaubte man, die Psyche sei ein großes schwarzes Loch, zu 90 % unbewusst und nie wirklich zu ergründen. Psychotherapien dauerten in der Regel viele Jahre und fanden bis zu vier Mal in der Woche statt. Abgesehen davon, dass heute die wenigsten Klienten so viel Geld und so viel Zeit haben, um sich in ihr Innenleben zu vertiefen, gibt es inzwischen bei Trauma schnellere Heilmethoden. Damit wollen wir die analytischen Therapien in keiner Weise abwerten. Christiane machte sowohl eine Freudsche als auch eine Jungsche Analyse, war fasziniert von dieser Arbeit und möchte diese keinesfalls missen.

Die systemische Psychotherapie eröffnete uns jedoch neue Sichtweisen. Die wichtigste ist sicher die Erkenntnis, dass unsere Psyche glücklicherweise vollkommen logisch funktioniert – psychologisch. Die Psyche funktioniert so logisch, dass es uns zuweilen scheint, als ob wir Menschen ferngesteuert wären, ferngesteuert von den Prägungen unserer Kindheit. Aktuelles Verhalten lässt sich mühelos den damals gelernten Regeln zuordnen. Das gilt natürlich auch für Trigger. Wir haben jedenfalls noch nie einen Trigger untersucht, der nichts mit dem auslösenden Erlebnis zu tun gehabt hätte; und wenn wir manchen Klienten „hellsichtig" erscheinen, dann nur deshalb, weil bestimmte auslösende Ursachen ganz ähnliche Verhaltensmuster nach sich ziehen, die wir dann meist richtig zuordnen können. Der nächste Schritt der Traumaheilung besteht folglich darin, dass Sie sich Ihrer Kindheit zuwenden, um die Zuordnung zwischen Trigger und traumatischen Ursachen herauszufinden. Was haben Sie erlebt? Gibt es Tagebücher? Welche Erinnerungen steigen auf? Welche Fotos wurden von Ihnen gemacht? Welche Bücher haben Sie gelesen, welche Musik gehört? Wen können Sie eventuell befragen?

Manchmal sind Gespräche mit Eltern, Geschwistern, Anverwandten oder Freunden der Familie hilfreich, manchmal sind es Lehrer oder Trainer, die Auskunft geben können. Meistens tauchen die Erinnerungen ganz von alleine auf, wenn Sie sich mit Ihrer Kindheit befassen. Besonders intensiv kann es werden, wenn Sie den gemeinsamen Nenner Ihrer Triggersituationen mit einbeziehen.

Dass die Zuordnung stimmt, merken Sie nicht nur daran, dass Ihr Verstand einverstanden ist. Die meisten Betroffenen berichten von starken körperlichen Gefühlen. Manche spüren ekstatische Freude, andere sprechen von einer warmen Dusche oder von Schauern, doch es besteht auch die Möglichkeit, dass Sie in die traumatischen Emotionen rutschen. Damit dies auf keinen Fall passiert und Sie sich nicht - wie früher - allein in solchen intensiven emotionalen Zuständen wiederfinden, empfehlen wir Ihnen dringend, diese Arbeit nur mit Ihrem vertrauten Therapeuten anzugehen. Gönnen Sie sich den „Rettungsring", damit Sie diesmal nicht „absaufen", sondern ans sichere Ufer gelangen.

Sobald Sie verstanden haben, auf welches auslösende Ereignis sich Ihre Triggerreaktionen beziehen, wissen Sie vor allem eines: Sie sind nicht verrückt! Sie reagieren ganz normal auf ein traumatisierendes Erlebnis. Viele Klienten sind durch dieses Wissen so erleichtert, dass die Triggersituation mehr oder weniger entschärft ist.

Bei langdauernder und/oder schwerer Traumatisierung reicht das Wissen jedoch leider oft nicht aus. Hier brauchen wir eine Mischung aus den Ressourcen-stärkenden Übungen und dem Einüben des inneren Beobachters, damit Sie, wie die Klientin in ihrem Traum beschrieb, das Geschehen betrachten können, ohne darin emotional zu versinken. Sie schalten diesen Beobachter quasi zwischen den Trigger und die gewohnte emotionale Reaktion. Je öfter Sie dies schaffen, umso mehr wird es Ihnen gelingen, anders zu reagieren. Sie behalten die Regie und erleben damit das Gegenteil von Trauma. Dann haben Sie – wie Jim Knopf – den Drachen hinten an die Lokomotive gehängt. Danach können Sie das Ereignis in Ihren Tresor einschließen und sich an Ihrem sicheren Ort in Ihrem heilenden Wasser reinigen.

Lassen Sie sich durch vermeintliche Fehlschläge nicht verunsichern! Kein Kind würde laufen lernen, wenn es sich am Stolpern und Fallen orientierte. Feiern Sie dagegen jeden Erfolg! Sie sind dabei, eine lange bestehende, nicht bewusst geschaffene Datenautobahn in Ihrem Gehirn bewusst in andere Bahnen zu verlegen. Das kann seine Zeit dauern. Auch diesen Schritt sollten Sie nur mit Hilfe eines geschulten Therapeuten gehen, der Ihnen hilft, Ihre Erfahrungen einzuordnen und der verhindert, dass Sie sich im Trauma verlieren. Es geht bei der Traumatherapie ja nicht darum, Ihre persönlichen Katastrophen durch häufiges Wiedererleben zu betonen, sondern darum, dass Sie wissen, dass es sich bei den Triggererlebnissen um emotionale Reaktionen auf Ihre Vergangenheit handelt. Durch die Trennung der Vergangenheit von der Gegenwart werden Sie frei.

Damit Sie einen Eindruck davon erhalten, wie diese Arbeit aussehen kann, stellten uns Klienten ihre ausgewerteten Triggerbücher zur Verfügung:

Triggersituation: Jemand hält mich an den Händen fest oder hält meine beiden Hände fest, so dass ich meine, mich nicht mehr wehren zu können.
Reaktion: Tobsuchtsanfall, höchste Aggression, will beißen - könnte schreien
Zuordnung: Ich wurde als Kleinkind im Krankenhaus an das Bett gefesselt und zwangsweise ernährt.

Triggersituation: Ich streite mich, es wird laut und aggressiv.
Reaktion: Ich glaube, der letzte Dreck zu sein und denke an Selbstmord
Zuordnung: Erziehungsverhalten der Mutter

Triggersituation: Ein Fremder berührt meinen Busen
Reaktion: Ich entferne mich innerlich, dissoziiere. Danach denke ich, dass der Vorfall nicht stattgefunden hat.
Zuordnung: sexueller Missbrauch

Triggersituation: Ich soll eine Rechenaufgabe lösen und es sind noch andere anwesend.
Reaktion: Blackout / Schweißausbrüche / Zittern / Angstzustände
Zuordnung: In der Grundschule wurde ich von meiner Mathematiklehrerin häufig vor der gesamten Klasse bloß gestellt.

Triggersituation: Geruch von Milchreis
Reaktion: Bittere Übelkeit / große Trauer
Zuordnung: Wenn ich im Kindergarten keinen Milchreis essen wollte, wurde ich in den dunklen Keller gesperrt.

Triggersituation: Mein Freund geht abends alleine mit anderen Menschen weg.
Reaktion: extreme Eifersucht / Schlaflosigkeit / Streit bis hin zur Hysterie / ich habe das Gefühl, es in meinem Körper nicht aushalten können.
Zuordnung: Krankenhausaufenthalte als Kleinkind, Verlassenheitstrauma

Schreiben Sie Ihre Memoiren

Nein, das ist kein Witz, sondern eine Technik, mit der sich viele unserer Klienten geholfen haben. Prof. Dr. Giorgio Nardone bestätigte uns in unserem Vorgehen, denn auch er wendet diese Methode mit Erfolg an, um die Vergangenheit von der Gegenwart zu trennen.

Memoiren sind Erinnerungen, Erinnerungen handeln von der Vergangenheit. Wenn Sie Ihre Memoiren schreiben, geben Sie Ihren Erinnerungen und den damit verbundenen Emotionen den Platz, der ihnen gebührt. Sie haben damit sozusagen schwarz auf weiß, dass es sich um längst vergangene Erlebnisse handelt.

Die Gefühle, die beim Schreiben in Ihnen aufsteigen, gehören zu den Erinnerungen. Sie haben mit Ihrer Gegenwart nur insofern zu tun, als Sie heute in der Lage sind, diese zu empfinden. Viele unserer Klienten konnten mit Hilfe Ihrer Memoiren ein anderes Verhältnis zu Ihrer Kindheit gewinnen. Einigen wurden neue Zusammenhänge klar, andere schlossen Frieden. Alle berichteten von einer Art gefühltem Abschluss: Das, was mir passiert ist, ist lange vorbei. Heute bin ich in Sicherheit. Heute darf es mir gut gehen.

Was tun, wenn die Erinnerung völlig fehlt

Manche Klienten erinnern sich nicht oder kaum an ihre Kindheit. Das kann zwei Gründe haben:

- Wenn die Traumatisierung in sehr jungem Lebensalter stattgefunden hat, ist das Erinnerungsvermögen noch nicht ausreichend gut entwickelt. Es ist eher die Ausnahme, dass Menschen sich an die Zeit vor der Grundschule erinnern.
- Besonders schlimme Traumata werden besonders gut verdrängt.

Aus diesem Grund raten wir von beschleunigenden Techniken und Hypnose ab. Natürlich ist der „weiße Fleck auf der Seelenlandkarte" quälend. Natürlich wollen die Betroffenen wissen, was mit ihnen geschehen ist, doch es ist ein Irrtum zu glauben, dass alles plötzlich gut ist, wenn das Trauma erinnert wird. Das Gegenteil kann der Fall sein.

Stellen Sie sich ein Fass mit Jauche vor, das in Ihrem Garten steht. Jauche kann, in der richtigen Menge, das Wachstum der Pflanzen in Ihrem Garten beschleunigen. Wenn Sie jedoch den Stopfen aus dem Fass ziehen, so dass es sich auf einmal entleert, wird die Schärfe des Düngers die Pflanzen verbrennen. Viel besser ist es, den Dünger in wohl dosierten Portionen, mit Wasser verdünnt und in den richtigen zeitlichen Abständen auf den Beeten zu verteilen.

Traumatherapie funktioniert ähnlich. Menschen sind in der Regel völlig überfordert, wenn sie sich spontan an ihr Trauma erinnern. Die Heftigkeit der angestauten Emotionen löst große Angst aus. Diejenigen, die wir kennen, schaffen es kaum noch, ihr Alltagsleben zu regeln. Einige konnten ihre Berufe nicht mehr ausüben und leben heute von der Sozialhilfe. Schlimm genug, wenn so etwas einfach passiert. Doch wir möchten nicht in der Haut des Therapeuten stecken, der einen Klienten durch beschleunigende Techniken ins soziale Abseits katapultiert hat. Wir drängen nie!

Solange der Mensch nicht bereit ist, wird er sich nicht spontan erinnern, und wenn die Therapeuten diesen berechtigten schützenden Widerstand achten, geschieht nichts, was den Klienten überfordert.

Deshalb setzen wir bei denjenigen, die sich an nichts erinnern, an einem anderen Punkt an: Meist haben traumatisierte Menschen gravierende Selbstwertprobleme. Viele leiden unter destruktiven Täterintrojekten. Häufig werden Gefühle nicht wahrgenommen und die Rationalität überbetont.

Wir arbeiten mit den Betroffenen daran, ihren Selbstwert zu entdecken, den Doublebind des Täterintrojekts zu entlarven und Gefühle differenzierter wahrzunehmen. Damit schaffen wir die Voraussetzungen, um irgendwann das Trauma zu heilen. Je mehr Ressourcen die Betroffenen wahrnehmen, je genauer sie Gefühle spüren und benennen können, umso stärker werden sie. Das Leben in der Gegenwart wird erfüllter, kreativer und lebendiger. Manchen geht es damit so gut, dass sie das Trauma aus dem Blick verlieren. Solange es sich nicht durch störende Symptome oder Verhaltensweisen bemerkbar macht, ist dagegen gar nichts einzuwenden. Wir können uns darauf verlassen, dass die Psyche sich meldet, wenn sie etwas braucht.

Das Trauma verarbeiten

Wie verarbeitet man eigentlich ein Trauma?

Der Verarbeitungsprozess hat verschiedene Facetten, je nachdem, was vorgefallen ist. Hier jedoch gleich zu Anfang eine Warnung, die häufig auch Moderatoren bei Spielshows aussprechen: „Machen Sie das ja nicht alleine zu Hause!"

> Jegliche Form der Traumaverarbeitung, die eine Konfrontation mit dem Trauma beinhaltet, sollten Sie ausschließlich mit einem geschulten Therapeuten machen!

Wir beschreiben diesen Teil der Arbeit, damit Sie unter den verschiedenen angebotenen Methoden diejenige wählen können, die Ihnen am meisten zusagt. Es führen viele Wege nach Rom, und unser Weg ist nur einer der vielen, die zum Ziel der Heilung führen.

Der innere Bildschirm und der Gefühlsregler

Wir haben schon oft betont, wie schädlich es ist, wenn Sie unvorbereitet mit den Emotionen des Traumas konfrontiert werden. Dass Sie Regie über die Gefühle behalten, ist äußerst wichtig, denn sonst erleben Sie nichts anderes als eine Retraumatisierung. Die Regie über das Erlebnis erzielen wir mit Hilfe der Bildschirmtechnik und des Gefühlsreglers. Beide Techniken üben wir mit dem Klienten so lange, bis sie sie gut beherrschen.

Der Gefühlsregler ist eine Art Fernbedienung, mit welcher der Klient die Intensität seiner Gefühle steuern kann, damit er die Regie behält. Die Bildschirmtechnik dient dazu, den Abstand zum Geschehen zu regulieren. Sie stellen sich vor, dass Sie das, was Sie erlebt haben, auf einem Bildschirm oder einer Kinoleinwand sehen. Sollte Ihnen dies noch zu nah sein, können Sie den Film – denn heute existiert das Erlebnis wie ein Film nur noch in Ihrer Erinnerung – durch eine Glasscheibe sehen. Vielleicht ist es nötig, dass Sie sich vorstellen, jemanden dabei zu beobachten, der sich im Kino einen Film anschaut.

Wir verdrängen keine Gefühle, wenn wir Abstand schaffen. Zum einen haben Sie das Trauma und die damit verbundenen Emotionen in aller Härte bereits erlebt. Durch die Triggersituationen werden Sie zudem daran erinnert. Jetzt geht es darum, dass Sie die Möglichkeit erhalten, dem Geschehen als Beobachter zuzusehen, ohne sich darin zu verlieren. Damit bleibt das Trauma Teil Ihrer persönlichen Geschichte, ohne Ihre Gegenwart auf nicht erwünschte Weise beeinflussen zu können.

Sie schauen sich eine Episode Ihres inneren Films an und erzählen dem Therapeuten, was Sie sehen, um mit ihm in Kontakt zu bleiben. Mit Hilfe des Gefühlsreglers verhindern Sie, dass Ihre Emotionen Sie überfluten. Sie machen eine neue Erfahrung: Trotz der schlimmen Bilder, behalten Sie die Regie, und somit ist das Erlebnis kein Trauma mehr, sondern nur noch eine belastende Erinnerung aus der Vergangenheit. Wenn der Film zu Ende ist, wird er im Tresor eingeschlossen. Ein Besuch am sicheren Ort und ein Bad im heilenden Wasser beenden die Sitzung.

Wie es hätte sein sollen – das neue Drehbuch

Nachdem Sie Regie über die mit dem Trauma verbundenen Bilder und Emotionen gewonnen haben, ist es jetzt Zeit, etwas Positives an die Stelle der traumatischen Erfahrung zu setzen. Dass die Technik, die wir hier beschreiben, funktioniert, grenzte lange an ein Wunder. Heute können wir mit Hilfe der modernen Hirnforschung zumindest andeuten, warum Menschen durch etwas, was sie sich nur vorstellen, dauerhaft geheilt werden können. Wir sprechen von den Spiegelneuronen.

Der italienische Professor für Neurophysiologie Giacomo Rizzolatti entdeckte 1992 Nervenzellen, die „im Gehirn während eines Vorgangs die gleichen Potenziale auslösen, wie sie entstünden, wenn dieser Vorgang nicht bloß (passiv) betrachtet, sondern (aktiv) gestaltet würde" (Wikipedia). Das bedeutet, dass etwas, was wir uns nur vorstellen, dieselben Reaktionen im Gehirn auslöst wie etwas, das wir tatsächlich tun.

Bei Spitzensportlern ist Mentaltraining schon lange im Trainingsplan enthalten. Daher wissen wir, dass ein verletzter Sportler mental nicht nur seine Fitness behalten, sondern sogar Fehler ausmerzen kann. Bei der Behandlung von Schlaganfallkranken werden Videos eingesetzt, auf denen die Betroffenen Bewegungsabläufe ansehen, die ihnen nicht mehr möglich sind. Der Neurologe Ferdinand Binkofski von der Universität Lübeck verzeichnete erste positive Erfolge bei der Rehabilitation von Erkrankten.

Psychotherapeuten wissen schon lange um die Heilkraft von positiven Bildern. Der Amerikaner Albert Pesso schuf mit seiner psychomotorischen Therapie Interventionen, mit Hilfe derer ein Mensch das nachholen kann, was er gebraucht hätte, um sich gesund zu entwickeln. Wir haben diese Methode schon oft eingesetzt und können nur bestätigen, dass sie funktioniert. Die Spiegelneuronen erklären uns, warum: Das positive Bild wirkt im Gehirn genau so, als wäre es tatsächlich geschehen. Es kann die Erinnerung nicht verdrängen, sondern wirkt wie eine gute Salbe auf einer Wunde, die jetzt heilen kann. Danach bleibt nur noch eine Narbe sichtbar, die zeigt, dass eine Verletzung stattgefunden hat. Doch diese Verletzung ist verheilt und tut nicht mehr weh.

Die meisten von uns wissen ganz genau, was sie in ihren Familien gebraucht hätten, um nicht traumatisiert zu werden. Deshalb entwickeln wir mit unseren Klienten ein neues Drehbuch, sozusagen die Fortsetzung zu dem Film, den sie sich auf ihrem inneren Bildschirm angeschaut haben. Dazu nehmen wir uns ziemlich viel Zeit.

Sie kennen inzwischen Ihren persönlichen Horrorfilm und können diesen anschauen, ohne in die traumatischen Emotionen abzurutschen. Um ein neues Drehbuch zu verfassen, sollten Sie ganz konkret werden, so als wenn Sie tatsächlich eine Fortsetzung oder eine Neufassung drehen wollten. Sie können den Film so beginnen, wie er historisch begonnen hat. Doch dann greifen Sie rechtzeitig ein, bevor das Kind, das Sie einmal waren, Schaden nimmt. Stellen Sie sich folgende Fragen:

- Was hätten anders sein müssen, damit Sie nicht traumatisiert worden wären?
- Was genau hätten Sie gebraucht?
- Wer hätte Sie retten können? (Wenn Sie die Rettung des Kindes, das Sie einmal waren, niemandem aus Ihrer Familie zutrauen, dann können Sie selbst in der Funktion Ihres erwachsenen Ichs Ihr inneres Kind retten.)

Entweder Sie schreiben das Drehbuch zu Hause oder in der Therapiestunde mit Begleitung Ihres Therapeuten. Es gibt zwei Möglichkeiten, das Drehbuch zu inszenieren: als Imagination oder als Gruppenarbeit.

Um das neue Drehbuch zu imaginieren, geben Sie Ihrem Therapeuten das Drehbuch und lassen sich von ihm durch den Film führen. Sie berichten ihm, was Sie sehen und was Sie empfinden, und er passt auf, dass es Ihnen dabei gut geht. Vertiefen Sie sich in das neue Drehbuch und genießen Sie es, gerettet und geschützt zu werden.

Die andere Möglichkeit, den neuen Film zu erleben, ist eine Ressourcenarbeit nach Albert Pesso, bei dem das neue Drehbuch mit Darstellern inszeniert wird. Diese Technik unterscheidet sich grundlegend von einer Aufstellung, weil hier der Klient das genaue Drehbuch vorgibt. Die Stellvertreter müssen genau das tun und sagen, was der Klient vorgibt, damit der Kontext geschaffen wird, den der Klient braucht, um nachzuholen, was für seine Heilung wichtig ist. Das positive gegenwärtige Erleben ersetzt den negativen Film. Endlich bekommt der Betroffene das, was er sich schon immer gewünscht hat. Solche Sitzungen sind für alle Beteiligten sehr bewegend und klappen am besten, wenn sich die Teilnehmer besser kennen. Albert Pesso sagte bei seinem Vortrag beim Symposium in Lindau 2005, dass allein die Tatsache, dass der menschliche Körper Endorphine – Glückshormone – produziere, beweisen würde, dass wir ein Recht darauf hätten, glücklich zu sein. Für dieses Glück müssen wir zuweilen selbst sorgen und es – wie das Himmelreich – an uns reißen. „Es ist", um mit Ben Fuhrmann zu sprechen, „nie zu spät für eine glückliche Kindheit."

Frieden schließen und den Drachen verwandeln

Erfahrungsgemäß durchlaufen Traumaklienten verschiedene emotionale Stadien. Zuerst fühlen sie sich starr, wie gelähmt. Meist weicht die Starre einer ziemlichen Wut auf den Täter, auf das Schicksal und die verpasste Kindheit. Diese Wut ist eine Zeitlang angemessen und sollte nicht unterdrückt, aber auch nicht ausagiert werden: Es genügt, sie wahrzunehmen. Wir raten davon ab, die Wut gegen andere Menschen zu richten, auch wenn Traumaopfer zuweilen große Lust verspüren, ihren Peinigern dasselbe anzutun, was ihnen angetan wurde. Doch damit ist der Drache nicht überwunden, sondern hat in seiner destruktiven Form gesiegt und speit nun selbst vernichtendes Feuer. Das Opfer begibt sich auf dieselbe Stufe mit dem Täter.

Es gibt sozial verträglichere Formen, Wut auszudrücken: Sport, wildes Tanzen, Schreien bei lauter Musik usw. Auch Kampfsportarten eignen sich hervorragend dazu, Aggressionen abzubauen. Uns fiel auf, dass viele unserer Klienten, die es in einer Kampfsportart zur Meisterschaft gebracht haben oder in einer Spezialeinheit des Militärs oder der Polizei arbeiten, eine traumatische Kindheit hatten. Wenn die Wut über Jahre bestehen bleibt, verwandelt sie sich in Hass oder Depression. Beides sind destruktive Gefühle, die letztlich in eine Sackgasse führen. Christianes Klientin Kerstin meinte: „Wenn ich jetzt weiter wütend bin, dann verletze ich mich selbst. Dann gibt es nur noch Verlierer und ich bin einer davon."

Meist wurde das Trauma lange Jahre verdrängt, dann steht es plötzlich eine Zeit lang im Vordergrund. Doch irgendwann kommt bei fast allen der Moment, wo sich das Gefühl einstellt, die Vergangenheit abschließen zu wollen. Das Leben findet jetzt statt. Es gilt, eine neue Haltung zum Trauma zu finden.

Keinesfalls kann es darum gehen, so zu tun, als ob es nie stattgefunden hätte. Es behält einen Platz im Leben des Betroffenen. Kerstin entschied sich zum Beispiel, ihrem Trauma ein Denkmal zu setzen. Damit bekommt es einen würdigen Platz und gleichzeitig macht sie damit deutlich, dass das Ereignis endgültig abgeschlossen und bewältigt ist.

Für viele Klienten stellt sich die Frage nach dem Umgang mit dem Täter. Ist es wirklich notwendig, ihm zu verzeihen? Wir hören immer wieder, dass den Betroffenen eingeredet wird, ohne diesen Akt könnten sie das Trauma nicht verarbeiten; das führt zu der unseriösen Praxis, dass sich das Opfer vor dem Täter verneigen muss. Damit wird massiver Druck seitens des Therapeuten ausgeübt. So hören wir, dass viele nur so tun, als würden sie verzeihen, um diesem Druck zu entgehen. Die Psyche lässt sich jedoch nicht betrügen. Die Betroffenen fühlen sich einmal mehr missbraucht, denn wieder wurden sie zu etwas genötigt, das nicht ihrer inneren Wahrheit entsprach. Viele berichten von einer Zunahme depressiver Verstimmungen und einer Verschlimmerung der Symptomatik.

Vergebung kann man nicht erzwingen. Sie muss ganz natürlich und wie von selbst aus dem Herzen kommen. Wir haben nicht die Erfahrung gemacht, dass das Trauma nur dann verarbeitet werden kann, wenn dem Täter verziehen wird. Es ist jedoch wichtig, Frieden mit dem eigenen Schicksal zu schließen, um frei für die Gegenwart zu werden.

Warum ist es überhaupt nötig, Frieden zu schließen?

Jedes starke Gefühl hat Bindekraft. Wenn der Wunsch danach besteht, mit dem Ereignis abzuschließen, ist es notwendig, die emotionale Bindung zu lösen. Das geht nur, wenn die starken Gefühle Wut, Hass und Verzweiflung keine Regie mehr über den Menschen haben. Wenn es dem Klienten gelingt, das Trauma als bewältigtes Ereignis in die persönliche Geschichte einzureihen und Frieden mit seinem Schicksal zu schließen, ist der Drache endgültig überwunden. Dann kann er sich in den goldenen Drachen der Weisheit verwandeln, denn der Erfahrungsschatz, den ein Mensch auf diesem Weg gewonnen hat, ist immens. Er ist zu einer Persönlichkeit herangereift, die den Weg kennt und anderen den Weg weisen kann. Wie lange ein Klient braucht, um Frieden mit seinem Schicksal zu schließen, liegt in seiner Persönlichkeit begründet. Auch bei dieser Entscheidung lassen wir unseren Klienten die Zeit, die sie brauchen, denn wir wissen: Nur ein Schritt, den jemand aus seiner Mitte heraus mit ganzem Herzen geht, ist wirklich gegangen.

Ressourcen bilden durch Gestalten - Kunsttherapeutische Möglichkeiten in der Traumatherapie, von Brigitta Gerke-Jork

Dies ist ein Buch für Betroffene. Deshalb ist mein erstes Anliegen, Ihre Lust und Ihren Mut zu wecken, Collagematerial, Stift oder Pinsel zur Hand zu nehmen und damit zu gestalten. Sie werden hier auch einige praktische Tipps zum Umgang mit Malmaterial finden.

Außerdem möchte ich Ihnen eine Vorstellung davon vermitteln, wie kunsttherapeutische Unterstützung in der Traumatherapie aussehen kann, in der privaten Praxis oder im Therapeutenteam einer Spezialklinik. Es gibt viele Möglichkeiten, die Erlebnisse und Erkenntnisse aus anderen Therapien durch Gestaltungen in der Kunsttherapie zu sichern. Werke aus der Kunsttherapie können als Erinnerungs-Anker dienen oder die in der Gesprächstherapie erarbeiteten Erkenntnisse bildhaft verdeutlichen und vertiefen. In diesem Buch haben Sie bereits einige Anregungen erhalten wie den Notfallkoffer oder die Gestaltung äußerer Bilder, wenn jemand innere Bilder nicht sehen kann.

Auf Schatzsuche gehen - die eigene Symbolsprache entdecken

Ich habe oft erlebt, dass Menschen, die sich künstlerisches Gestalten nicht zutrauen, in dem Moment Lust bekommen, wenn sie die Materialien sehen. Ein „kaltes Buffet" voller Farben macht Appetit und spricht dabei einen Bereich in Ihrem Inneren an, den ich mit Worten nicht so leicht erreichen kann: Es kribbelt in den Fingern! Die Ideen haben manchmal lange darauf gewartet, endlich ausprobiert zu werden, ohne dass sie dafür ausgereift sein müssen. Manche brauchen ein Einstiegsangebot, das vor Überforderung schützt. Zum Beispiel könnten Sie fünf Minuten lang mit nur zwei Farben in einen vorgezeichneten Kreis Ihre aktuelle Befindlichkeit skizzieren. In weiteren zehn Minuten könnten Sie dann mit der Farbe, die Sie besonders mögen und die Ihnen jetzt gut tun würde, das ganze übrige Blatt füllen. Wenn Sie diese Idee anspricht, nehmen Sie die Stifte, die Sie zu Hause haben, und fangen Sie einfach an.

Gehören Sie zu den Menschen, die die Wahl zwischen mehreren Angeboten brauchen, erhalten Sie hier noch einen Alternativvorschlag: Gestalten Sie aus farbiger Rohwolle, Federn und einem Fundstück aus der Natur in einem Kästchen ein Symbol für den inneren Garten oder den inneren unverletzbaren Kern. Farbige Materialien ersparen Stift oder Pinsel. Damit kann ein Glaubenssatz wie „Malen kann ich nicht!" außer Kraft gesetzt werden. Auf welche Art und Weise ein authentisches Bild entsteht, ist oft erstaunlich. Wenn Sie ausprobieren wollen, welche Überraschungen Sie dabei erleben können, dann empfehle ich Ihnen den Besuch in einem Kunsttherapieatelier. Hier ist alles gewünschte Material vorhanden und Sie können sich ganz auf das konzentrieren, was Sie tun möchten. Außerdem kann Sie der Kunsttherapeut in dem Moment, wo Sie es brauchen, unterstützen. Wer erst einmal für sich alleine arbeiten möchte, lasse sich von den oben skizzierten Anregungen oder von lang gehegten Träumen verführen. Ich empfehle einen Besuch in einem gut sortierten Bastelladen oder in einem Künstlerbedarfladen, in denen es neben Malmaterialien auch farbige Rohwolle und andere Gestaltungsmittel gibt. Wenn Ihnen hundert verschiedene Farbnuancen dieser herrlichen Pigmente entgegen leuchten, strahlender als jeder Druck es wiederzugeben vermag, könnte es sein, dass Sie genau Ihre Lieblingsfarbe entdecken. Ist es das klare, lichte Himmelblau? Oder das besonders warme Goldockergelb? Oder das helle aber nicht schrille Gelb? Oder einer der Grüntöne wie Licht und Sonne, die durch Blätter scheinen? Oder das Türkis, das Sie nicht aus der Palette eines Standardfarbkastens mischen könnten, das aber genau die Farbe Ihres heilenden Wassers oder des Sees an Ihrem inneren sicheren Ort hat, den Sie aus einer Imaginationsübung bereits kennen? Lassen Sie sich verführen und kaufen Sie sich Ihre besondere Farbe!

Für den Einstieg zu Hause eignen sich Wachsmalkreiden oder Pastellkreiden sehr gut, weil Sie weder Wasser noch Pinsel brauchen. Für kleinere

Formate sind auch Buntstifte geeignet. Mit Wachsmalkreiden können Sie fester aufdrücken und viel Energie in den Strich geben. Wenn Sie starke Gefühle ausdrücken wollen, sind Wachsmalkreiden deshalb gut geeignet. Die etwas weicheren Sorten geben die Farbe besser ab als die härteren, es ist also leichter, einen satten, kräftigen Farbauftrag zu erreichen.

Pastellkreiden sind sehr vielfältig in Anwendung und Ausdruck. Sie lassen sich sowohl dick als auch sehr zart auftragen, große Flächen entstehen durch breitflächiges Arbeiten mit der Längsseite der am besten halb durchgebrochenen Kreiden. Die vierkantig geformten Kreiden erlauben auch markante Linien. Die Farben sind wie Staub und lassen sich leicht miteinander mischen. Die Bilder müssen anschließend mit Haarspray oder Fixativ fixiert werden. Probieren Sie die Farben im Laden aus: Ist das Geräusch angenehm, das die Kreiden machen, wenn sie über das Papier geführt werden? Mögen Sie den Farbstaub an Ihren Händen? Wählen sie die Farben, die Ihnen gut tun und genießen Sie, damit zu Hause ein ganzes Blatt zu füllen oder ein breites Passepartout für eine Lieblingspostkarte zu malen.

Es kann auch sein, dass Sie neben den Lieblingsfarben Triggerfarben oder Triggermaterialien entdecken. Notieren Sie sich diese Phänomene genau wie es in diesem Buch beschrieben ist und sortieren Sie diese Malmaterialien in eine andere Kiste, so dass Sie selbst bestimmen können, wann Sie sie vor Augen haben wollen. Wenn Sie jetzt Lust bekommen haben anzufangen, tun Sie es. Mein erstes Anliegen wäre erfüllt. Sie bergen und sichern innere Schätze, füttern Ihre Ressource „Freudfähigkeit" und gönnen Ihrem inneren Kind einen Spielplatz.

Möglicherweise meldet sich aber auch eine Stimme, die sagt: „Blödsinn, vertane Zeit", oder sie sagt etwas Ähnliches, was die geplante Aktion stört oder gar verhindert. Das kommt gerade am Anfang häufiger vor. Ein Kunsttherapeut kann Ihnen helfen, diese Klippe leichter zu überwinden.

Wer selbstständig künstlerisch arbeiten möchte, dem sei das Buch von Julia Cameron „Der Weg des Künstlers" empfohlen. Julia Cameron ist Kreativitätstrainerin und spricht alle Menschen an, die kreativ arbeiten oder davon träumen, es zu tun, ganz gleich ob es um Malen, Bücher schreiben oder Filmen geht. Sie unterstützt den Leser darin, „das Gefühl von Reichtum, von Sicherheit, von Identität... wieder zu gewinnen". Auf dem Weg dorthin kann man sein inneres Künstlerkind entdecken, es nähren und ihm einen geschützten Spielraum schaffen. Cameron gibt Hilfen beim Umgang mit den vielen Verhinderern und Verrücktmachern, die uns im äußeren Leben tatsächlich stören oder in unserem Inneren als lästige Stimmen den kreativen Prozess stören. Sie hilft mit Fragebögen geschickt unseren Träumen und Wünschen auf die Sprünge, unterstützt die Bestandsaufnahme von positiven wie negativen Glaubenssätzen, stärkt also den inneren Beobachter, und schafft es, aus jeder Entdeckung, auch den schmerzlichen, eine Ressource zu machen. All diese Empfindungen gehören zu dem inneren Reichtum, aus dem ein kreativer Mensch schöpft. Die Autorin empfiehlt, an jenem inneren sicheren Ort das Bild eines Forellenteiches zu integrieren, der viele Ideenfische birgt, aber auch Pflege und Erholung braucht.

Innere Schätze bergen und gestalten

Was sind die Vorteile künstlerischer Gestaltungen?

1. Künstlerische Gestaltungen sind ein Übungsfeld für selbstbestimmtes Handeln. Sie sorgen für Zufriedenheit und Stolz, wenn sie gelingen. Sie bieten aber auch die Möglichkeit herauszufinden, mit welchen Problemen Sie es zu tun haben, wenn Sie selbst Regie führen möchten, und wie Sie diese Schwierigkeiten meistern können.

2. Gestaltungen sind eine nonverbale Sprache. Sie teilen Ihnen und Ihren Mitmenschen etwas mit, was mit Worten vielleicht nicht zu vermitteln wäre. In der Kunsttherapie stehen nonverbale Interventionsmöglichkeiten zur Verfügung. Sie können zum Beispiel die Bilder von schutzbedürftigen oder gefährdeten inneren Anteilen aus einem größeren Bild ausschneiden und diese vorerst in einem weichen Nest in Sicherheit bringen. Insbesondere bei Traumata, die sich in der frühen Kindheit ereignet haben oder die von einem Täter mit einem Schweigegebot belegt sind, können Gestaltungen neue Wege eröffnen.

3. Eigenes Gestalten verstärkt den Kontakt zum dargestellten Inhalt, weil Verankerungen durch die intensive Beschäftigung entstehen. Da verschiedene Sinne (Sehen, Tasten usw.) beteiligt sind, funktioniert das besonders gut. Das kann insbesondere bei Ressourcen und inneren Helfern oder dem „inneren unverletzbaren Kern" gezielt eingesetzt werden. Eine liebevolle, schöne Gestaltung bedeutet Wertschätzung für sich selbst.

4. *Bildnerisches Denken geschieht langsam,* so langsam wie persönliche Entwicklungen und Erkenntnisprozesse. Jeder hat sein persönliches Tempo, etwas zu verinnerlichen, zu „verdauen", Erkenntnisse zu entwickeln. Authentische Bilder – und das hat nichts mit handwerklichem Können zu tun -, spiegeln diesen Prozess.

5. *Gestaltungen ermöglichen Distanzierung.*
Distanz zu einer belastenden Erinnerung zu finden, wird in der Traumatherapie auf vielfältige Weise geübt, zum Beispiel durch die Bildschirmtechnik. Die kunsttherapeutischen Pendants können körperlich erlebt werden: Sie können zu jedem Bild ein paar Meter Abstand nehmen. Die vom Therapeuten angeregte Konzentration auf das Material und die Gestaltung verhindert das Versinken in den traumatischen Inhalt. Man kann ein Bild buchstäblich „wegpacken", gut verschnüren oder gar zukleben. Der Abstellraum eines Kunsttherapieateliers ist dann der sichere Tresor, der Patient bestimmt, ob und wann er das Bild wieder anschauen möchte.

6. *Gestaltungen hinterlassen sichtbare Spuren.* Jemand, der wie es für Traumapatienten typisch ist, viele zersplitterte Teile aus seiner Biographie und seinen Persönlichkeitsanteilen wieder zusammensetzen muss, kann die Puzzlestückchen erst einmal bildlich darstellen und sortieren. Ein Kunsttherapeut wird Ihnen helfen, Ihr inneres Chaos zu strukturieren, indem er Ihre Bilder in verschiedenen Mappen sammelt, Bilder zusammenfügt, mit Ihnen eine innere Landkarte erarbeitet oder indem er für eine zeitliche Begrenzung bei belastenden Bildthemen sorgt.

7. *Während eines therapeutischen Prozesses werden immer auch Kostbarkeiten gestaltet.* Ein Bild können Sie aufhängen oder als Photo in ein Notizbuch kleben, damit Sie es in der Handtasche immer dabeihaben. Es kann Bestandteil Ihres „Notfallkoffers" sein. Als besonders schönes Beispiel für eine gestaltete Ressource habe ich ein Schmuckstück in Erinnerung, das ein Kursteilnehmer nach eigenem Entwurf hat arbeiten lassen.

Das Atelier als sicherer Raum:
Wann ist kunsttherapeutische Hilfe sinnvoll?

Traumapatienten können bei Gestaltungen mit Schwierigkeiten zu kämpfen haben, wenn zum Beispiel zu viele abwertende, drohende oder zum Schweigen zwingende innere Anteile die Führung übernehmen. Susanne Lücke beobachtet, dass „eine Grundannahme der Kunst- und Gestaltungstherapie, nämlich, dass das Gestalten an sich entlastend und spannungslösend ist, bei Menschen mit schweren dissoziativen Störungen nicht zutrifft (Lücke 2001, S.135)." Andererseits hat Reddemann beobachtet, dass Traumapatienten oft ein individuelles Repertoire an Selbsthilfe für sich entwickelt haben. Trotzdem bleiben Phantasien oft ein persönliches Geheimnis, über das selbst in der Therapie nur auf gezielte Befragung hin berichtet wird. Leicht entsteht die Befürchtung, ausgelacht oder gar für krank gehalten zu werden.

Frau Dr. Reddemann ist es zu verdanken, dass sie der Fähigkeit, die innere Welt als Ressource für sich zu nutzen, die notwendige Würdigung hat zukommen lassen. Heute wird gerne mit inneren Bildern wie dem sicheren Ort und mit Helferwesen wie Feen oder starken Drachen gearbeitet. Sie werden gestärkt und können so in den ganz persönlichen Heilungsprozess integriert werden. Sie sind Helfer auf dem Weg, innere Anteile zu erkennen, zu würdigen und ihnen ihren angemessenen Platz im Leben zu geben. Kunsttherapeutische Hilfe sollten Sie in Betracht ziehen,

- wenn Sie sich wünschen, kreativ arbeiten zu können, aber Hemmungen oder gar Angst haben, anzufangen;
- wenn Sie sich schlecht oder unfähig fühlen;
- wenn Sie dazu neigen, Ihre eigenen Werke immer nur abzuwerten;
- wenn Sie merken, dass Sie beim Malen angetriggert werden;
- wenn sich beängstigende Bildinhalte wie durch einen Sog immer wiederholen und tröstende, stabilisierende Bilder nicht gelingen;
- wenn Sie Ihr Werk plötzlich zerstören oder übermalen. Manchmal kann ein Beobachter sehen, wie die Bildinhalte oder die Ausstrahlung eines Bildes von „schön" nach „beängstigend" kippt.
- wenn Sie körperliche Symptome, wie plötzliche Kopfschmerzen, Brechreiz oder Atemnot entwickeln;

- wenn Sie den Faden verlieren, abdriften, sich wie im Nebel oder unter einer Käseglocke fühlen (Dissoziation). Das ist besonders schwer an sich selber zu beobachten, die Rückmeldung eines Therapeuten ist dann besonders wichtig. Der Kunsttherapeut kann Ihnen in Situationen, in denen Sie nicht mehr weiter wissen, Wahlmöglichkeiten aufzeigen, indem er Sie an Ressourcen erinnert und Ihnen hilft, innere Helfer zu aktivieren.

> Die Kunsttherapie hat das Ziel, Traumapatienten dabei zu unterstützen, die eigene Handlungskompetenz zu stärken und eigene Fähigkeiten wertschätzend anzuerkennen.

Die innere Landkarte – Ordnung im Chaos

Das Arbeiten mit der inneren Landkarte habe ich 2007 auf einem Seminar bei Susanne Lücke kennen gelernt. Die innere Landkarte hilft, Struktur in ein als Chaos erlebtes Innenleben zu bringen. Dazu empfehle ich die Unterstützung durch einen Therapeuten. Hier möchte ich Ihnen einen Eindruck von den vielfältigen phantasievollen Anwendungsmöglichkeiten geben. In der inneren Landkarte werden Persönlichkeitsanteile benannt, gesammelt und miteinander in Beziehung gesetzt. Das Schaubild gibt einen Überblick und versteht sich als Anregung, die Sie nach Ihren persönlichen Bedürfnissen abändern können:

Schema der inneren Landkarte mit verschiedenen Arten von inneren Anteilen. Die runde Form ist eine Schematisierung, die letztlich verwendete Gestaltung sollte den Sprachgebrauch und die Vorlieben des Klienten aufgreifen (nach Lücke 2007).

Jeder Mensch hat innere Anteile, wie zum Beispiel innere Kinder, innere Helfer, Ressourcen und Kritiker. Fühlt sich ein Mensch wohl, haben diese Anteile einen guten Kontakt zueinander und zeigen sich nur dann, wenn der Kontext es gestattet. Bei einem traumatisierten Menschen können sich Anteile verstecken, unkontrolliert aggressiv nach außen drängen und Verwirrung stiften. Bei dissoziativen Störungen führen die Anteile gar ein Eigenleben. Je mehr Anteile es gibt, desto wichtiger kann es für den Klienten sein, sich einen Überblick zu verschaffen. Dazu kann er sich vom vorgegebenen Schema entfernen. Er wählt eine eigene Form und benennt seine ganz persönlichen Anteile. Es gibt eine Vielzahl an Möglichkeiten, die innere Landkarte darzustellen:

- als inneres Haus mit verschiedenen Zimmern und einem Konferenzraum in der Mitte,
- als Dorf mit verschiedenen Häusern,
- als Inselgruppe mit verschiedenen Inseln
- oder als Kosmos mit Planeten.

In diesem Buch wurde der sperrige Fachbegriff des „Täterintrojekts" mit dem zerstörerischen Virusprogramm auf dem Computer verglichen. Im Schema der inneren Landkarte heißen diese Introjekte „Poweranteile". Es ist weder ratsam noch nötig, Poweranteile gezielt oder gar aufwendig zu gestalten; sie drängen sich ins Bild und können sich als formlose schwarze Fläche oder als Fratze zeigen, die möglicherweise unbeabsichtigt entsteht oder das Bild überdeckt.

Dann ist es Aufgabe des Therapeuten, dem Klienten dabei zu helfen, die Macht der Poweranteile zeitlich und räumlich begrenzen zu lernen. Das Schwarze könnte als dunkles Gespenst eine eigene Burg bekommen und von dort aus das Geschehen beobachten, ohne zerstörerisch einzugreifen. Eine gestaltete Landschaft kann den Abstand zwischen Betrachter und Introjekt vergrößern. In der Therapie können zum Beispiel Verhandlungen mit dem Introjekt geführt und ein Waffenstillstand ausgehandelt werden.

Der Begriff „Poweranteil" vermittelt eine Ahnung davon, dass ein Täterintrojekt nicht komplett ausgemerzt werden muss, sondern dass seine Energie genutzt werden kann. Um das Bild weiterzuspinnen: Das Gespenst bekommt langfristig eine neue Aufgabe, indem es zum Beispiel vor Angst schützt. Dieses Vorgehen findet sich nicht nur in therapeutischen Prozessen, sondern es gestaltet ganze Kulturen: Der tibetische Buddhismus hat die ursprünglich zornvollen Gottheiten der älteren Bönreligion für den Schutz der neuen Klöster verpflichtet; dafür werden sie entsprechend geehrt. So entstanden viele für uns Europäer bedrohlich aussehende Schutzgottheiten. Ihre Energie konnte integriert und genutzt werden. Die Energie der Poweranteile wird gebraucht, um mit Angst umgehen zu lernen oder die Kraft zu haben, Störendes auszugrenzen.

Eine Patientin, die so lange mit schwarzer Farbe auf einer Stelle malte, bis sich das Papier auflöste, verzichtete eine Zeit lang auf diese Farbe. Allmählich entdeckte sie jedoch, dass Schwarz Farbflächen eingrenzen kann, ihnen zu einer klaren Form verhilft und die Farben durch die Kontrastwirkung zum Leuchten bringt. Im übertragenen Sinne hat sie die starken, aber anfangs nur blockierenden und aufsaugenden Kräfte nutzen können, um sich zu konzentrieren und Klarheit zu schaffen. Diese in der Gestaltung sichtbar werdende neue Fähigkeit konnte sie auf ihr Alltagsleben übertragen und trifft heute klare Entscheidungen für ihr Leben.

Zu den *Zensoren und Kritikern* im Schaubild zählen die Glaubenssätze, die Kritik üben, Aktivität und Erfolg verhindern oder den Spaß verderben. Manchmal tarnen sie sich als Vertreter der inneren Weisheit oder des Beobachters. Kennzeichen der Kritiker ist jedoch, dass sie abwerten, während der *Beobachter* mit Verständnis, Liebe und Mitgefühl spricht. Er steht außerhalb, kann alles sehen und über alles berichten, er weiß Lösungen für Probleme. Seine Position einzunehmen ist ein Kernstück der Traumatherapie. Es unterstützt den Klienten, den Beobachter zu gestalten, denn durch das Gestalten von Ressourcen wird der Kontakt zu dem helfenden Anteil intensiviert.

Die *innere Weisheit* ist eine eher unpersönliche Instanz. Bei einigen Patienten hat der "innere unverletzbare Kern" die Position der in sich ruhenden Mitte. Es könnte aber auch eine weise Frau sein, die aus der Zukunft oder Vergangenheit auf die Gegenwart schaut. Es gibt aus Religion und Philosophie eine Vielzahl von Anregungen für die Besetzung dieser Position. Am besten wählt der Klient eine für ihn stimmige Variante.

Die innere Landkarte weitet den Blick bei der Suche nach Ressourcen, indem sie verschiedene Arten innerer Anteile benennt. So gehören zum *Alltagsteam* Ressourcen wie Pünktlichkeit, Zuverlässigkeit, Fähigkeiten im Haushalt oder Freundlichkeit. Es sind meist Erwachsenenaspekte, die den Alltag bewältigen oder früher einmal bewältigt haben. Bei einigen Patienten, bei denen ein Klinikaufenthalt nötig ist, können Anteile unter Depression leiden. Obwohl sie im Augenblick noch nicht wieder fit sind, gehören sie trotzdem zum Team. Es reicht, ihnen Namen zu geben, zum Beispiel „die Zuverlässige".

Mit den *inneren Kindern und Jugendlichen* sind Erinnerungen an verschiedene Erlebnisse oder Stimmungen in verschiedenen Altersstufen gemeint. Jeder hat zudem innere Bilder von sich als *vitalem Kind*; möglicherweise dauert die Suche danach etwas länger. Aber sie lohnt sich, denn mit diesem Aspekt wird der Zugang zu positiven Gefühlen aktiviert.

Für Kinder in Not müssen sichere Orte geschaffen werden. Sie können dort durch ein inneres Helferteam optimal versorgt werden. Die Pflege dieser Kinder kann künstlerisch liebevoll und aufwendig gestaltet werden. Ein Beispiel findet sich auf dem Cover dieses Buches.

Zu den *helfenden Persönlichkeitsanteilen* gehören Eigenschaften und Fähigkeiten, die beim Überleben geholfen haben, wie Mut, Humor, Glauben und Musizieren. Die Therapie sollte anregen, diese Ressourcen wieder zu entdecken und zu festigen.

Imaginäre Helfer sind die in der Phantasie oder Imagination entdeckten Helfer für bestimmte Aufgaben: zum Beispiel Zwerge, die innere Kinder pflegen, oder Feen, die Geschenke bringen. Die *drei Punkte* lassen Raum für persönliche Helfer, zum Beispiel Erinnerungsbilder von tatsächlichen Freunden, von geliebten oder gern besuchten Verwandten.

Ziel ist es, dass der Betroffene seine inneren Anteile kennen lernt. Der Therapeut motiviert den Klienten, fürsorglich mit sich selbst umzugehen und schwierige Anteile zu respektieren, ihre Funktion zu verstehen und dann auch wertzuschätzen. Zudem kann die therapeutische Arbeit mit der inneren Landkarte helfen, einen Überblick über widerstreitende Anteile und Ressourcen zu bekommen, um diese in sinnvoller Weise im Alltagsleben einsetzen zu können. Bei der Dokumentation dieser Arbeit ist auch der Klient gefragt: Er malt Bilder und schreibt Listen mit Namen und Eigenschaften. In einer systemischen Psychotherapie kann mit diesen inneren Anteilen ebenfalls sinnvoll gearbeitet werden.

Insbesondere bei Patienten mit dissoziativen Störungen muss in jeder Stunde in einem persönlichen Heft dokumentiert werden, was erreicht wurde.

Den Körper um Rat fragen - Körperbilder

Der Körper hat Erinnerungen gespeichert, die dem Bewusstsein nicht mehr zugänglich sind. Sie können durch Körperarbeit oder Imaginationsreisen aktiviert werden. Das sollte Therapeuten und Gruppenleitern bewusst sein, wenn sie eine Körperimagination anregen. Klienten verantwortlich zu begleiten heißt, sie in besonderem Maße in die Planung mit einzubeziehen und Ausstiegsmöglichkeiten geübt zu haben. Diese Sicherungsmaßnahmen sind im Buch bereits ausführlich beschrieben. Die Zeit für eine persönliche Begleitung sollte vorhanden sein, um unvorhergesehene innere Konflikte verarbeiten zu können. Das anschließende Malen oder Skizzieren ist auf jeden Fall eine gute Möglichkeit, die Imagination aufzufangen und erinnerbar zu halten. Die anschließende Konzentration auf ein Heilungsbild in einer entsprechenden Imagination darf ausführlich ausfallen, um den Fokus wieder auf stabilisierende Ressourcen zu richten.

Was tun, wenn bedrückende Erinnerungen auftauchen?

Die Möglichkeit, ein Symbol für etwas Bedrückendes zu finden und es mit einem breiten Rahmen einzugrenzen, wird auch von Susanne Lücke (2007) eingesetzt. Dieses Symbol sollte dann innerhalb weniger Minuten klein - eventuell im Briefmarkenformat - mitten auf ein großes Blatt Papier gezeichnet werden. Dies am besten nur mit Bleistift, so dass die Darstellung nicht zu kraftvoll wirkt. Sich ein Symbol auszudenken, ist bereits ein Schritt zur Distanzierung. Aber auch dieses Symbol zu zeichnen, ist bei brisanten Themen noch mit starken Gefühlen verbunden.

Der Therapeut achtet darauf, dass nach kurzer Zeit der zweite Teil der Übung beginnt. Der Klient malt einen breiten Rahmen, damit das bedrückende Symbol eine Begrenzung bekommt. Die Farbe des Rahmens sollte wohltuend wirken. Deckende Farben, zum Beispiel Wachsmalkreiden, sind besonders geeignet, weil man diese fest aufdrücken und dabei Energie aufwenden kann. Beim Malen kann so eine Menge Wut und Kraft Form und Ausdruck finden. Probieren Sie aus, ob diese Methode auch für Sie hilfreich ist. Wenn Sie an weiteren Details interessiert sind, können Sie sich dazu bei Udo Baer (1999) und Lücke (2001) Anregungen holen.

Energien steuern lernen
– über den Umgang mit Wut und Aggression

Der Impuls zur Zerstörung eigener Werke durch Übermalen oder Zerreißen ist eine Form von Aggression. Er kann völlig überraschend auftreten, auch wiederholt. Deshalb hier einige Hinweise.

In jedem Fall ist es nötig, die Ursachen für den zerstörerischen Impuls herauszufinden. Sowohl die Werke als auch die Impulse zur Zerstörung verdienen Aufmerksamkeit und Wertschätzung. Dafür müssen alternative Konzepte für den Umgang mit beiden entwickelt werden. Zum Beispiel kann an einem zweiten Arbeitsplatz Material stehen, das aggressive Impulse auffängt; geeignet dafür ist Ton. Oder ein leicht erreichbares Versteck für eine Gestaltung ist vorbereitet, so dass das Werk rechtzeitig in Sicherheit gebracht werden kann. Wenn zwei Bilder parallel gestaltet werden, können auf dem einen zerstörerische Impulse abreagiert werden. Die andere Gestaltung wartet währenddessen diesen Impuls unbeschadet ab. Die verschiedenen Bildtypen können in zwei Mappen gesammelt werden.

Wie finde ich einen Kunsttherapeuten?

Kunsttherapeuten arbeiten freiberuflich in eigener Praxis oder eingebunden in einem Team einer Fachklinik. Ob die Therapeuten ressourcenorientiert arbeiten, sollten Sie bei der Kontaktaufnahme erfragen. Freiberuflich arbeitende Kunsttherapeuten sind oft auch Heilpraktiker für Psychotherapie, so dass die Kosten von Privaten Krankenkassen oder einer entsprechenden Zusatzversicherung teilweise übernommen werden können. Adressen in Ihrer Nähe vermittelt Ihnen der DFKGT (Deutscher Fachverband für Kunst- und Gestaltungstherapie e.V.; www.dfkgt.de).

Trauma und Geburt

Ein Kind zu gebären gehört zu den gewaltigen Erfahrungen im Leben einer Frau. War die Geburt noch vor fünfzig Jahren ausschließlich Frauensache, ist heute der Vater des Kindes meist dabei. Das Paar bereitet sich häufig gemeinsam auf diesen wichtigen Augenblick vor, damit dieses Ereignis ein wunderbares Erlebnis wird. Dies hängt nach allgemeiner Ansicht vor allem damit zusammen, alles „richtig" zu machen. Wenn die Frau alles „richtig" macht, wird die Geburt, so versprechen es die Ratgeber, zu einem wunderbaren Erlebnis. Der Augenblick, in dem das Kind auf ihrem Bauch liege, werde sie die Schmerzen vergessen lassen. Glücklich und voller Liebe werde sie ihr Kind willkommen heißen.

Viele Frauen wünschen sich heute eine sanfte Geburt und die meisten scheuen weder Kosten noch Mühe, um dies zu verwirklichen. Die Hebammen, mit denen wir seit Jahren zusammenarbeiten, bestätigten, dass etwa ein Drittel aller Geburten tatsächlich so glücklich verlaufe. „Es war ein Horror", sagt ein weiteres Drittel der Frauen und beim letzten Drittel sei beides vorhanden - gute sowie problematische Phasen.

Doch wie verarbeiten die Frauen die Geburt, die sie, obwohl sie sich so positiv eingestimmt hatten, trotzdem als Horror erlebten?

Die meisten Frauen trauen sich kaum, über ihre schlechten Erfahrungen zu sprechen, weil sie glauben, versagt zu haben. Außerdem wird von der Mutter eines Neugeborenen erwartet, glücklich zu sein. Deshalb versuchen viele Frauen, das traumatische Erlebnis zu verdrängen. Erst wenn die Frau ein weiteres Kind möchte, drängt sich die „Horrorgeburt" wieder in die Erinnerung. Viele Frauen entscheiden sich nach einer solchen Geschichte zum Kaiserschnitt. Ganz abgesehen davon, dass ein Kaiserschnitt auch Risiken birgt, bleibt das Trauma unverarbeitet. Die Frau versäumt es, sich damit auseinanderzusetzen, dass sich ihr Körper und ihre Psyche auf schmerzhafte Weise verändert haben. Sie unterschätzt die Wirkung der traumatischen Erfahrung auf ihre Sexualität, denn der Ort, wo sie das Trauma am heftigsten spürte, ist gleichzeitig der Ort, an dem sie in Zukunft Lust empfinden möchte. Dies klappt häufig nicht reibungslos. Viele Frauen berichten, dass sie nach der Geburt ihres Kindes kaum noch

Lust auf Sexualität haben. Einige konnten danach überhaupt nicht mehr mit ihren Partnern schlafen. Wir kennen einige Paare, die sich deswegen trennten. Ein Trauma teilt sich immer mit, ganz gleich, ob die Betroffenen darüber reden oder ob sie es verdrängen. Wie es verarbeitet wird, hängt von sehr vielen Faktoren ab. Nicht jede schwere Geburt hinterlässt störende Spuren. Doch wenn es Schwierigkeiten gibt, die ganz klar seit der „Horrorgeburt" bestehen, dann wäre es einen Versuch wert, das Trauma anzuschauen.

Warum es wichtig ist, die Hebamme und die Ärztin über einen sexuellen Missbrauch zu informieren

Das Gebären gehört zu den Erlebnissen mit überwältigender Wirkung. Der Geburtsprozess läuft unaufhaltsam, ohne dass die Frau etwas dagegen tun könnte. Das Ausgeliefertsein gehört jedoch zu den traumatisierenden Faktoren. So kann das Gebären für Frauen, die als Kinder sexuelle Gewalt erlebten, zu einem heftigen Trigger werden. Wie Sie wissen, schaltet das Gehirn im Triggerzustand um; die Frau kann sich und ihre Reaktionen nicht mehr steuern – mit allen Folgen für sie selbst, das Kind, ihren Partner und das medizinische Personal. Um die Frauen, die nichts von ihrem Trauma wissen, bei der Geburt zu unterstützen, müssen Hebammen und Ärzte geschult werden. Die Frauen, die von ihrem Missbrauch wissen, können jedoch sehr viel dazu beitragen, damit die Geburt zu einem guten Erlebnis wird. Das folgende Kapitel entstand in enger Zusammenarbeit mit sechs Schweizer Hebammen, die wir in systemischer Traumabegleitung ausgebildet hatten.

Sexuelle Gewalt richtet sich meistens auf den Unterleib der Mädchen und Frauen. Eine Geburt findet genau dort statt, wo die sexuelle Gewalt Schmerzen auslöste, begleitet von Verzweiflung und Angst. Missbrauchte Frauen sind in diesem Bereich äußerst empfindlich und schutzbedürftig. Viele ertragen Sexualität nur, um schwanger zu werden.
Diese Frauen sind sich meistens nicht bewusst, dass schon Schwangerschaftskontrollen und Geburtsvorbereitungskurse mit Triggersituationen gespickt sein können. Gynäkologische Untersuchungen stehen an. In

den Geburtsvorbereitungskursen wird nicht nur über die Beckenboden-muskulatur gesprochen, sondern die Hebamme leitet auch zu praktischen Übungen an. Damit wird der Ort des Traumas verstärkt ins Bewusstsein der Frau gerückt. Darüber hinaus wird von den Körperteilen gesprochen, an denen das Mädchen verletzt wurde. In den Schwangerschaftskontrol-len muss der Arzt die Frau manchmal auch vaginal untersuchen. Er rea-giert möglicherweise verärgert, wenn sich die Frau verkrampft oder gar weigert.

Einige betroffene Frauen gehen deshalb nicht zu Vorsorgeuntersuchungen und besuchen auch keinen Geburtsvorbereitungskurs. Doch zur Geburt begeben sich die meisten dann doch ins Krankenhaus, sind völlig unvor-bereitet und wissen nicht wirklich, was auf sie zukommen wird. Die We-henschmerzen und die von den Hebammen in bestimmten Zeitabständen erforderlichen vaginalen Untersuchungen sind für diese Frauen ein Horror. Die Hebammen berichten, dass manche Frauen die Beine zusammen-pressen, dissoziieren und nicht mehr ansprechbar sind. Manche bekom-men Schweißausbrüche und erstarren. Sie atmen nicht mehr so tief, wie es für sie und das Baby wichtig wäre, weil der Unterleib völlig verkrampft ist. Da die Geburt in gewisser Weise auch ein sexueller Akt ist, kann sie von missbrauchten Frauen als Vergewaltigung erlebt werden. Das Gehirn schaltet im Triggerzustand um, die Frau wird von denselben Gefühlen wie beim Missbrauch überflutet. Sie hilft sich so, wie sie es als Kind beim Übergriff getan hat: Sie dissoziiert – entfernt sich also innerlich vom Ge-schehen. Dadurch kann der Geburtsprozess zum Stillstand kommen, was das medizinische Personal irritiert und in Stress versetzt.

Zu einem Zeitpunkt, wo Gefahr für das Leben und die Gesundheit des Kindes besteht, verstehen unvorbereitete Hebammen und Ärzte solche Reaktionen als Aufforderung, die Kontrolle über die Geburt zu überneh-men. Medizinisch ist das vollkommen richtig, doch weil die betroffene Frau in der Hektik meist weder gefragt noch über die zu vollziehenden Maß-nahmen informiert wird, erlebt sie das Tun von Hebammen und Ärzten als erneute Grenzverletzung, ja, als Vergewaltigung. Zusätzlich zu ihrem Kind-heitstrauma muss sie jetzt noch die Retraumatisierung durch die Geburt verkraften. Dies ist kein guter Start für die Mutter-Kind-Beziehung. Dass unter solchen Umständen die emotionale Bindung mit dem Baby nicht immer gut gelingt, ist verständlich.

Ein solches Horrorszenario ist vermeidbar, doch muss die betroffene Frau wesentlich mehr leisten als die Frau, die kein sexuelles Trauma hat: Sie muss von Anfang an ihre Mitverantwortung für das gute Gelingen der Geburt wahrnehmen. Wenn Sie von Ihrem Missbrauch wissen und schwanger sind, können Sie sehr viel dazu beitragen, dass die Geburt zu einem guten Erlebnis werden kann. Hebammen und Ärztinnen können Ihnen nur dann ein Umfeld bereiten, in dem Sie entspannt gebären können, wenn sie über Ihre besondere Situation informiert sind.

Die Hebammen raten den betroffenen Frauen deshalb zu folgenden Schritten:

1. Suchen Sie sich einige Monate vor der Geburt eine Hebamme, zu der Sie Vertrauen haben. Vereinbaren Sie mit ihr ein Gespräch; wenn Sie dabei merken, dass „die Chemie nicht stimmt", suchen Sie sich eine andere Hebamme. Sie brauchen eine Vertrauensbeziehung und haben sehr viel Schutz nötig. Die Auswahl der richtigen Hebamme, die zu Ihnen passt, ist ein wichtiger Beitrag. Ideal wäre es, wenn diese Hebamme als Beleghebamme auch die Entbindung im Krankenhaus und das Wochenbett zu Hause durchführen könnte.

2. Suchen Sie sich unbedingt eine Gynäkologin. Auch der netteste Gynäkologe bleibt ein Mann und kann in Ihrem inneren Erleben zum Trigger werden. Informieren Sie Ihre Ärztin über den Missbrauch und vereinbaren Sie mit ihr, in welcher Weise Sie untersucht werden wollen. Achtung! Auch Ärztinnen machen Urlaub oder werden krank! Fragen Sie Ihre Ärztin, wer sie vertreten wird und falls es ein Kollege sein wird, vereinbaren Sie mit ihr eine andere Lösung.

3. Bevor Sie einen Geburtsvorbereitungskurs besuchen, führen Sie vorher mit der Kursleiterin ein Gespräch. Besprechen Sie mit ihr, was Ihnen möglich und was Ihnen unmöglich ist. Fühlen Sie sich von der Kursleiterin nicht verstanden, suchen Sie sich ein anderes Angebot. Heute sind Sie erwachsen und in der Lage, selbst für Ihren Schutz zu sorgen.

4. Erarbeiten Sie mit der Hebamme Ihres Vertrauens einen Geburtsplan. Sie wird Ihnen schon sagen, ob Ihre Erwartungen realistisch sind. Je mehr Sie und Ihr Partner die Geburt selbst gestalten, umso weniger wird über Sie bestimmt. Wichtig ist, dass Sie bei Ihrem Wunschplan auch an Ihr Kind denken. Es können Situationen eintreten, in denen die Gesundheit oder das Leben Ihres Kindes in akuter Gefahr sind. Ihre Hebamme wird Sie darüber informieren, was in solchen Fällen für Möglichkeiten in Frage kommen. So sind Sie weniger überrascht, wenn medizinisch notwendige Schritte unternommen werden müssen.

5. Sollte es in Ihrem Lebensraum keine Möglichkeit geben, Ihre eigene Hebamme mit ins Krankenhaus zu bringen, müssen Sie sich darauf einstellen, mit einer oder vielleicht sogar mehreren Ihnen unbekannten Hebammen zu gebären. Suchen Sie sich sorgfältig eine Klinik aus, in der Sie sich gut aufgehoben fühlen. Sprechen Sie mit der leitenden Hebamme und mit einer Oberärztin. Vereinbaren Sie, dass Sie nur von Gynäkologinnen betreut werden möchten. Fühlen Sie sich nicht gehört, suchen Sie sich eine andere Klinik oder ein Geburtshaus. Die Mühe lohnt sich auf alle Fälle.

6. Wollen Sie ganz sicher gehen, dann bitten Sie Ihre Hebamme, Sie bei der Geburt zu begleiten, auch wenn sie ihre Funktion als Hebamme im Gebärsaal nicht ausüben darf. Sie wird Ihre Wünsche jedoch so übermitteln können, dass die Hebammenkolleginnen sie verstehen. Außerdem weiß diese geburtsbegleitende Hebamme, dass Sie getriggert werden können. Im Idealfall haben Sie mit ihr abgesprochen, wie Ihnen in solchen Situationen am schnellsten und besten geholfen werden kann. Sie kann den Kolleginnen und der Ärztin Ihre Reaktionen erklären. Das gibt dem Team die Möglichkeit, in Ihrem Sinne gut auf Sie einzugehen.

7. Eine weitere Möglichkeit sind Doulas. Das sind ausgebildete Geburtsbegleiterinnen, die selbst mindestens ein Kind geboren haben. Doulas sind kein Ersatz für die Hebamme. Wenn es an Ihrem Wohnort eine Doula gibt, kann diese für Sie während der Geburt jedoch zu einer wichtigen Vertrauensperson werden (www.doula.ch, www.doula.de).

8. Bitten Sie nach der Geburt um ein Gespräch mit der Hebamme, mit der Sie geboren haben, um Ihre Erlebnisse zu besprechen. Das Gespräch im Wochenbett ist wichtig, damit Sie sich Ihre aktuellen Gefühle von der Seele reden können. Doch nach Erfahrung der Schweizer Hebammen reicht dieses eine Gespräch so kurz nach der Geburt nicht aus, besonders dann, wenn Sie die Geburt traumatisch erlebt haben. Etwa sechs Monate später hat sich das Erlebte gesetzt und Sie können sachlicher darüber sprechen. Das ist ein geeigneter Zeitpunkt, um weitere Gespräche zur Verarbeitung zu führen. Suchen Sie nach einer Hebamme, die Sie dabei unterstützt, auch wenn die Krankenkasse diese Gespräche nicht zahlt.

9. Wenn das Bonding nach der Geburt nicht gut geklappt hat, weil Sie die Geburt als schwierig erlebt haben, können Sie den Bondingprozess mit Ihrem Kind nachholen. Es gibt Hebammen, die sich darauf spezialisiert haben, Sie dabei zu begleiten. Wenn Sie den Eindruck haben, den Bindungsprozess mit Ihrem Kind vertiefen zu wollen, suchen Sie sich eine Hebamme, die sich damit auskennt.

Es gibt keine Garantie dafür, dass Ihre Geburt so sanft verläuft, wie Sie es sich wünschen. Menschen haben nie die vollkommene Kontrolle über ihr Schicksal. Sie können nicht mehr tun, als die Beteiligten zu informieren und genau zu sagen, was Sie wollen und was Sie nicht wollen. Der Rest ist Schicksal. Nach der Geburt können Sie wieder sehr viel tun, um das Geburtserlebnis zu verarbeiten. Entweder finden Sie eine Hebamme, die sich genau darauf spezialisiert hat, oder Sie finden eine Psychotherapeutin. Und wenn das Bonding mit Ihrem Kind nach der Geburt nicht geklappt hat, dann können Sie dies später nachholen. Im Internet finden Sie Adressen, die Ihnen weiterhelfen.

Die Folgen traumatischer Geburten
verarbeiten, *von Kathrin Antener-Bärtschi*

Wann bezeichnet eine Frau eine Geburt als traumatisch?
Dazu ein Fall aus meiner Hebammenpraxis.
(Alle vorkommenden Namen sind selbstverständlich geändert.)
Eveline S. befindet sich in der 22. Woche ihrer zweiten Schwangerschaft.
Auf Empfehlung der Hebamme, die sie im ersten Wochenbett betreut hatte, meldet sie sich bei mir. Sie möchte die als traumatisch erlebte erste Geburt aufarbeiten. Zudem möchte sie herausfinden, welche Art von Geburt für das zweite Kind sinnvoll wäre, und sich darauf einstimmen. Im ersten Beratungsgespräch mit dem Paar beschreibt Eveline S. die Geburt wie folgt: *«Die Geburt unseres ersten Kindes liegt drei Jahre zurück. Sie wurde am Abend des errechneten Termins wegen grossem Kopf des Kindes und viel Fruchtwasser mit Zäpfchen eingeleitet. Mein Mann wurde mit dem Hinweis nach Hause geschickt, bis am Morgen geschehe sowieso nichts Wichtiges. Bereits um Mitternacht bekam ich jedoch starke Schmerzen und rief die Hebamme. Um zwei Uhr durfte ich ein Entspannungsbad nehmen. Das half ein wenig. Ich hatte das Bedürfnis, meinen Mann wieder bei mir zu haben. Er hörte jedoch den Telefonanruf nicht. Das versetzte mich in grosse Unruhe und Spannung.*

Um sechs Uhr hörte er endlich das Telefon klingeln; sofort kehrte er in die Klinik zurück. Die Verarbeitung der Wehen verlief mühsam, der Muttermund öffnete sich nur zögerlich. Mittags um zwölf war er erst fünf Zentimeter offen. Ich ertrug die Wehen nicht mehr und verlangte eine Periduralanästhesie (PDA), obschon ich Angst davor hatte. Danach waren die Wehen kaum mehr spürbar. Aus Erschöpfung musste ich am Nachmittag mehrmals erbrechen.

Am späten Abend war der Muttermund endlich offen und es kam zur Geburt. Dabei hatte ich kaum Pressdrang, jedoch unerträgliche Schmerzen. Der Kopf des Kindes blieb im Ausgang stecken. Der Arzt setzte die Saugglocke ein; weil diese Intervention missglückte, kam unser Sohn Timo mit Hilfe der Geburtszange auf die Welt. Er musste sofort auf die Intensivpflegeabteilung verlegt werden, weil seine Atmung unterstützt werden musste.

Obwohl ich mich sehr danach sehnte, sofort zu ihm zu gehen, fehlte mir die Kraft dazu. Erst am folgenden Morgen brachte mich jemand im Rollstuhl zu Timo. Meine Dammverletzung war sehr gross und äusserst schmerzhaft. So erlebte ich das Wochenbett im Spital und die erste Zeit daheim als schwierig und anspruchsvoll. Zu Hause betreute mich zum Glück eine Hebamme liebevoll. Langsam ging es mir besser, die Dammnaht jedoch schmerzte noch monatelang. An Timos erstem Geburtstag kam das Geburtserlebnis wieder hoch, geriet aber schnell wieder in Vergessenheit.

Timos zweiten Geburtstag erlebte ich besser. So kam der Wunsch auf für ein weiteres Kind. Bald wurde ich schwanger, und nun befinde ich mich in der 22. Woche. Jetzt tauchen ständig Ängste auf und die Erinnerungen an die schlimme erste Geburt lassen mich nicht mehr los. Sie rauben mir den Schlaf, verursachen zeitweise einen harten Bauch und machen mich angespannt und gereizt, so dass ich meine Berufstätigkeit manchmal kaum mehr ausüben kann. Auch meinen Sohn Timo ertrage ich schlecht.»

Das ist ein typisches Beispiel, wie es mir in meiner Hebammenpraxis seit einigen Jahren praktisch wöchentlich erzählt wird. Ich greife es in der folgenden Darstellung mehrfach auf, um zu zeigen, wie ich Frauen bzw. Paare in solchen und ähnlichen Situationen begleite.

Bei Eveline S. ist die traumatische Geburtserfahrung im Verlauf der Zeit in den Hintergrund gerückt. Mit der zweiten Schwangerschaft lebt diese wieder auf. Weil die meisten Frauen erst in Folgeschwangerschaften bei mir Unterstützung suchen, beginne ich meine Darstellung in diesem Bereich.

Geburtstrauma – Folgeschwangerschaft – Folgegeburt

Aus Scham, Schuldgefühlen, Angst oder anderen Gründen verarbeiten viele Frauen ihre schwierigen Geburtserfahrungen nicht, sondern decken sie langsam zu und verdrängen sie. In einer Folgeschwangerschaft macht sich ein Geburtstrauma immer bemerkbar. Wurde es bisher verdrängt, kann das zu heftigen Reaktionen führen. Im Blick auf die Zukunft fehlt es der Frau an Vertrauen in sich und oft auch in die Fachpersonen, um unbeschwert schwanger zu sein.

Auch wenn ein Trauma aufgearbeitet worden ist, ist es normal, dass die Frau von Erinnerungen eingeholt oder sogar bedrängt wird. Sie wird auf jeden Fall herausgefordert, Stellung zu beziehen. Viele Frauen weichen in dieser Situation wiederum einer gründlichen Aufarbeitung oder einer Bearbeitung der Erinnerungen aus, indem sie präventiv eine planbare Kaiserschnittgeburt wählen. Damit handeln sie ganz im Trend der heutigen Geburtsmedizin. Andere entdecken zu diesem Zeitpunkt die Möglichkeit der Aufarbeitung und sehen darin die Chance, aus der Krise etwas Neues entstehen zu lassen. In meinem Vorgehen folge ich seit einigen Jahren den lösungsorientierten Schritten, wie sie in diesem Buch beschrieben sind. Sie dienen mir als Orientierung, um ans Ziel zu gelangen.

Erfassen der traumatischen Geschichte
Als erstes gilt es, traumatische Erlebnisse gut zu erfassen und anzuschauen, um die Ursachen aufdecken und benennen zu können. Dazu lasse ich mir die Geburt aus der Sicht der Frau bzw. des Paares schildern, so wie es Eveline S. getan hat. Dabei ermutige ich die Frau, möglichst sachlich zu schildern, was damals geschehen ist, und erst danach ihre Gefühle und Empfindungen zu beschreiben. Ich bestätige, frage nach, zeige Verständnis und unterlasse es, Wertungen über Empfindungen, Personen und Verhalten vorzunehmen.

Es geht mir darum, ein Bild darüber zu erhalten, was die Frau im Verlauf der Geburt als überfordernd und traumatisch erlebte. Im Anschluss daran versuche ich herauszufinden, was die Frau bzw. das Paar von mir erwartet, das heisst ich lasse mir einen Auftrag geben. Manchmal muss ich dazu Vorschläge unterbreiten. Ist der Auftrag festgelegt, schlage ich Schritte vor, mit denen er praktisch umgesetzt werden kann.

Im Fall von Eveline und Peter S. war der Auftrag bald klar: Erstens wollten sie sich nochmals mit der ersten Geburt auseinandersetzen und zweitens herausfinden, welche Art von Geburt sie anstreben und wie sie sich darauf einstimmen wollen.

Die Geburt malen oder gestalten
Am Schluss des Erstgesprächs bitte ich die Frauen meistens, zu Hause ihre Geburt in einem oder mehreren Bildern bzw. Collagen darzustellen. Damit wagen sie einen Versuch, mit Farben, Formen und Symbolen aus-

zudrücken, was sie damals erlebten. Selbstverständlich erkläre ich den Frauen, was ich mit dieser Hausaufgabe bezwecke und wie wir damit umgehen werden. Im vereinbarten Folgegespräch betrachten und reflektieren wir miteinander die Bilder bzw. Collagen. Meistens werden dadurch wichtige Aspekte aufgedeckt. Häufig äußert sich das Traumatische in dunklen Farben, Zacken, Stacheln und heftigen Wellen, das Hilfreiche in hellen Farben, Sonnen, Herzsymbolen und Engeln.

Ich bin immer wieder fasziniert davon, was die Bilder alles aufzeigen. Oft sind auch die Frauen überrascht, wie viele helle Farben sich in ihren Bildgeschichten zeigen. Sie stellen erstaunt fest: «Es gab also nicht nur Horrormomente, sondern auch viel Gutes und Wertvolles während der Geburt. Ich habe bis jetzt nur auf das Dunkle und Überfordernde gestarrt und das Gute völlig übersehen».

Das gemeinsame Reflektieren zeigt sowohl auf, in welchem Bereich die Frauen Ressourcen besitzen und sie gut einsetzten, aber auch, wo Hindernisse, Stolpersteine und Ursachen der Verletzungen liegen. Die gemeinsame Bildbetrachtung und das Gespräch darüber werden für viele Frauen zu einer großen Entlastung und Befreiung. So war es auch für Eveline S: Es war ihr bald klar, dass sie nochmals eine Spontangeburt wagen wollte. Ihr Mann Peter war bereit, sie darin zu unterstützen.

Die nächste Geburt sorgfältig vorbereiten

In Folgegesprächen erörtern wir die Möglichkeiten und konkreten Schritte für die Frau bzw. das Paar, um bei der nächsten Geburt eine bessere Erfahrung zu machen. Weiter geht es darum zu klären, wie gross die Wahrscheinlichkeit sein wird, dass es wieder zu einer ähnlichen Situation kommen könnte. Dabei ist sensibles Zuhören und Beantworten von Fragen ohne Zeitdruck erforderlich. Ich informiere die Frau darüber, was Trigger sind, und unterstütze sie im Finden von Wegen, wie sie in Zukunft Regie über negative Gedanken und Gefühle führen kann.

Um sich konkret auf die kommende Geburt einzustimmen, kommt das Paar in die Geburtsvorbereitung. Die beiden können zwischen einer Kleingruppe oder einer individuellen Geburtsvorbereitung wählen. Dort werden Atmung und geburtsfördendes Verhalten praktisch geübt und mögliche

Geburtsszenarien besprochen. Das baut das Vertrauen in die körperlichen Fähigkeiten auf und stärkt die Selbstverantwortung der Frau bzw. des Paares.

Im Weiteren empfehle ich den Frauen, einen Geburtsplan zu erstellen. Viele Frauen zögern. Sie haben Sorge, dass sich Hebammen und Ärzte damit unter Druck gesetzt fühlen könnten. Wenn ich ihnen jedoch erkläre, wozu der Geburtsplan dient, setzen sie das Vorhaben meistens um. Der Geburtsplan ermöglicht der Frau bzw. dem Paar, sich der eigenen Wünsche bewusst zu werden, diese zu verbalisieren und schriftlich festzuhalten. Darüber hinaus müssen diese Wünsche bei der Geburt nicht jeder neu hinzu kommenden Betreuungsperson erneut erklärt werden, was oft wegen der Schmerzen oder aus Zeitgründen gar nicht möglich ist.

Der Geburtsplan kann eine Frau entlasten; sie muss ihre Geburt nicht steuern und kontrollieren, sondern kann sich dem Prozess mit Vertrauen in den eigenen Körper hingeben. Des Weiteren hilft dieser Plan den Fachleuten, die Anliegen der Frau rechtzeitig zu erfahren, um ihr bestmögliche Unterstützung zu geben. Eine aufmerksame, intensive Betreuung durch die Hebamme ist eine große Stütze und eine neue, heilsame Erfahrung für die Frau. Die Frau muss aber wissen, dass medizinische Interventionen trotz der Bemühungen aller Beteiligten allenfalls notwendig werden können. Wenn die Frau beim Besprechen des Geburtsplanes mit dem Arzt und/oder der Hebamme auf Respekt und Unterstützung stößt, entlastet es sie sehr für die bevorstehende Geburt. Sie kann sich besser auf das Neue – auch auf das Unvorhersehbare – einlassen.

Im Geburtsplan sollte die Frau kurz auf die traumatisch empfundenen Erlebnisse während der vorausgegangenen Geburt eingehen und konkrete Befürchtungen und Ängste bezüglich der kommenden Geburt, aber auch ihre Wünsche und Anliegen äußern.

Geburtsplan von Eveline S.

Geburtserfahrung: Verlauf der ersten Geburt vor drei Jahren: Einleitung am Termin wegen des grossen Kopfes des Kindes. Sofort heftige Wehen. Nach zehn Stunden heftigen Wehen Periduralanästhesie (PDA) gesteckt. Nach weiteren sechs Stunden Beginn der schmerzhaften Austreibungsphase: Einsatz der Vakuum-Saugglocke missraten. Geburt mit Zange. Grosse Dammverletzung. Das Kind musste sofort für zwei Tage auf die Intensivpflegeabteilung verlegt werden. Ich litt physisch und psychisch sehr im Wochenbett. Mit dem Dammschnitt hatte ich lange Zeit Probleme.

Bedenken bezüglich der nächsten Geburt: Erneut zu heftige Schmerzen durch Einleitung und Eingriff wie Vakuum oder Zange. Wiederum große Dammverletzung. Angst vor sofortiger Trennung vom Kind.

Anliegen und Wünsche: Nach Möglichkeit Spontangeburt, keine Einleitung, kein Vakuum und kein Dammschnitt. Baby möglichst bald auf meinen Körper (sofortiges Bonding).

Eveline S. hat diesen Geburtsplan bei der letzten Schwangerschaftskontrolle mit ihrer Ärztin besprochen. Die Gesprächsbereitschaft der Ärztin, ihr respektvoller Umgang und ihre Zusage, Eveline S. bei ihren Anliegen zu unterstützen, motivierten sie sehr für die bevorstehende Geburt. Nach vier Beratungsgesprächen mit mir, zwei Abenden Geburtsvorbereitung in einer Kleingruppe und einer ausgiebigen Beschäftigung mit dem Thema zu Hause verliess das Paar meine Praxis mit den Worten: «Wir sind zuversichtlich, bereit und neugierig auf das kommende Abenteuer der zweiten Geburt».

Folgegeburt von Eveline S.

Kurz nach der Geburt ihres zweiten Kindes rief mich Eveline S. an und berichtete beglückt: *«Ich erlebte eine intensive und heilsame Geburt. Die Wehen waren heftig, aber ich konnte eine nach der anderen verarbeiten. Ich behielt während des ganzen Verlaufs die Regie. Mein Mann unterstützte mich tatkräftig. Die einfühlsame Hebamme ging auf meine Anliegen und Bedürfnisse ein, ebenso die später dazu gerufene Ärztin. Ich vertraute mir und dem Fachpersonal. Sie lobten und ermutigten mich und vertrauten mir. Ich spürte, es würde gut kommen».*

Zur Geburt sagt Eveline S: *«Unser 4 kg schweres Baby Reto kam nach vier Stunden intensiver Arbeit im Wasser zur Welt. Ich konnte Reto selbst in Empfang nehmen, mein Damm blieb unverletzt. Es war einfach überwältigend. Ich bin geheilt».*

Und über die Hebamme und die Ärztin meint Eveline S. anerkennend:

«Nach der Geburt drückten sowohl die Hebamme als auch die Ärztin ihre Bewunderung für mich aus. Sie meinten, mit meinem engagierten Verhalten hätte ich mein Kind praktisch allein geboren. Es habe sie ja kaum gebraucht.» Eveline S. bedankte sich auch bei mir für die wertvolle Begleitung und meinte: *«Ohne Ihre hilfreichen Impulse und vielfältigen Anregungen hätte ich dieses Ziel nie erreicht.»* Das ist eine Rückmeldung, wie ich sie öfter erleben darf.

Aufarbeitung der Geburt im Wochenbett

Jede Frau ist nach der Geburt in einem seelisch und körperlich offenen, aber auch verletzlichen Zustand. Hat die Frau ihre Geburt traumatisch erlebt, ist sie von den unterschiedlichsten Gefühlen überflutet, die sie kaum mehr ordnen kann. Einerseits ist sie froh, dass das Baby auf der Welt ist, andererseits stark belastet durch die Überforderung, die sie mitmachen musste, zutiefst verwundet und geschockt. Aus Angst, noch mehr verletzt zu werden, aus Schuldgefühlen oder Scham spricht sie kaum darüber. Gibt es in ihrem Umfeld Menschen, die sie aus diesem Zustand behutsam herausholen, – das heißt Raum schaffen, um ihr einfühlsam zuzuhören –, wird sie so viel über ihre Gefühle äußern, wie sie im Moment in der Lage ist. Schnelle Antworten wie «Das haben Sie schon gut gemacht» helfen wenig, weil die Frau es anders erlebt hat. So nahe an der Geburt erträgt es die Frau nicht, tiefer mit dem traumatischen Geschehen konfrontiert zu werden. Wenn Fachleute (Hebammen, Ärzte) meinen, in den ersten Tagen des Wochenbetts mit der Wöchnerin die Geburt aufarbeiten zu müssen, überfordern sie die Frau gänzlich.

So nah am Trauma geht es vor allem darum, Verständnis für den Zustand der Frau zu zeigen und sie zu motivieren, mit ihren inneren und äusseren Verletzungen rücksichtsvoll umzugehen. So kann die Frau ihre innere Zerrissenheit langsam zusammenfügen. Hilfreich kann in dieser Situation sein, wenn die Hebamme oder der Arzt ihr den Verlauf der Geburt nochmals erklärt, damit sie besser verstehen kann, was zu ihrem jetzigen Zustand geführt hat. Das kann allfällige Lücken in ihrer Wahrnehmung füllen.

Ich fasse das Vorgehen im Wochenbett so zusammen: Es ist gut, mit der Frau die Geburt zu klären und zu bearbeiten. Eine Aufarbeitung ist jedoch noch nicht möglich. Erst ein paar Wochen oder gar Monate später hat die Frau genügend Distanz zum traumatischen Geschehen und wieder die nötige Kraft, um tiefer in sich zu gehen und darüber zu reflektieren, was wirklich geschehen ist. Dies wäre ein guter Zeitpunkt, um mit einer geeigneten Person die traumatische Geburt aufzuarbeiten. Einige Frauen haben das Glück, einen geduldigen Partner zu haben, mit dem sie das Erlebte immer wieder besprechen und so das Geschehene allenfalls ohne fachliche Hilfe verarbeiten können.

In Fällen sehr traumatischer Erfahrungen wie Totgeburt, Schwangerschaftsvergiftung mit Notfallkaiserschnitt oder Frühgeburt begleite ich Frauen oft nach dem Spitalaufenthalt durch die folgenden Wochen. Diese Frauen leiden gleichzeitig unter mehreren Traumen: einerseits dem Trauma einer schrecklichen Geburt und andererseits dem Trauma der Trennung vom Kind, das beispielsweise während Wochen in der Neonatologie stationiert sein muss oder sogar gestorben ist.

Verordnet vom Arzt, unterstütze ich diese Frauen alle zehn bis 14 Tage mit Gesprächen, Wickeln, Massagen sowie Körper- und Atemarbeit und, wenn nötig, zwischendurch auch mit Telefongesprächen. Ich helfe ihnen in dieser Phase, sich wahrzunehmen und mit ihrer physischen und psychischen Befindlichkeit umgehen zu lernen. Ich schütze sie so vor dem Absinken in Erschöpfung und Depression. Nach einigen Wochen bzw. Monaten werden die Frauen meist stabiler, so dass nun die traumatischen Erfahrungen aufgearbeitet werden können.

Verarbeitung der Geburt nach vier bis sechs Monaten

Frauen, die sich Wochen oder Monate nach der traumatischen Erfahrung bei mir melden, spüren klar, dass sie mit ihren Eindrücken und den seelischen und allenfalls körperlichen Verletzungen (z. B. Sectio- oder Dammnaht) allein nicht zurecht kommen. Sie suchen nun Hilfe und Unterstützung zur Aufarbeitung.

Das sind gute Voraussetzungen: Die Frau sucht von sich aus Unterstützung. Sie hat genügend Abstand zum traumatischen Ereignis. Und sie ist nicht schon wieder schwanger, muss sich also nicht den herausfordernden Gefühlen einer weiteren Schwangerschaft und einer künftigen Geburt stellen. Auch in diesem Fall gehe ich anhand der lösungsorientierten Schritte vor, wie sie in diesem Buch beschrieben sind. Weil die Ursachen für das Trauma sehr unterschiedlich sind, gilt es, jede Geschichte sorgfältig anzuschauen. Für die eine Frau waren es die unerträglichen, lang anhaltenden Schmerzen oder der Wehensturm, der sie fast wegtreten ließ, für eine andere die Panik, die ein Herztonabfall des Kindes auslöste. Fakten wie diese fordern die Fachleute während der Geburt heraus, schnell, manchmal gar überstürzt zu handeln, um ihre Verantwortung wahrzunehmen.

In der Hektik bleibt oft die nötige Erklärung der Handlungen aus, was die Frau in ihren Gefühlen überfordert. So überfordern oft nicht nur Schmerzen, Komplikationen und medizinische Eingriffe, sondern ebenso sehr die Art und Weise, wie die Frau begleitet wird. Es ist für mich erschreckend zu hören, wie Hebammen und Geburtshelfer oft unkontrollierte Worte fallen lassen, welche die Frauen verletzen und die wie eingeschlagene Nägel im Bewusstsein haften bleiben.

Als Hebamme fühle ich mich bei einer Frau mit solchen Verletzungen besonders herausgefordert, meine Worte achtsam zu wählen. Um die Ursachen aufdecken und bearbeiten zu können, ist einerseits das klärende Gespräch über den Verlauf und die Handlungen wichtig. Es hilft der Frau zu verstehen, was damals geschehen ist. Andererseits ist es auch nötig, ihre Gefühlserinnerungen behutsam aufzudecken.

Aussagekräftige Bilder

Dazu ist das Malen von Bildern, das Herstellen von Collagen oder das Verfassen eines Tagebuches zu Hause immer wieder sehr aufschlussreich. Meistens wird das Bild bereits während des Erstellens selbstredend für die Frau. Im Folgegespräch lasse ich mir die Bilder erklären. Durch das Bild tritt beispielsweise zutage, dass für die eine Frau der fünffache Steckversuch für die PDA und die vielen lieblosen Bemerkungen von Hebamme und Arzt darum herum den Horror verursachten und sie total erstarren liessen. Für eine andere waren es die nie endenden Schmerzen einer sehr langen Geburt.

Durch das Bild realisiert die Frau deutlich: «Acht Stunden konnte ich gut mit den Wehen umgehen; die weiteren fünf Stunden jedoch wurden zum

Horror.» Eine andere Frau entdeckt: «Ich kam total in Stress mit mir, weil ich auf einmal nicht mehr richtig atmen konnte und mich dadurch völlig verkrampfte.» Diese unterschiedlichen Einsichten sind wichtig und helfen der betreffenden Frau weiter, die Problematik mit mir zu reflektieren und in den geschilderten Verlauf einzuordnen. Anschließend stellt die Frau Überlegungen an, welche Bedeutung diese Erkenntnis für ihre heutige Situation hat und für eine mögliche weitere Geburt haben könnte. Hier ist also ein Prozess im Gang, der Kopf und Gefühle wieder zusammenkommen lässt. Zu diesem Prozess kommt es bei einer traumatisierten Frau, welche die Geburt verdrängt und nicht aufgearbeitet hat, meistens nicht.

Die Bildarbeit löst bei einigen Frauen einen Prozess aus, der fast wie von selbst Heilung und Versöhnung bewirkt. Hätte ich der Frau zur Aufarbeitung nur fachliche Erklärungen gebracht, hätte ihr dies vielleicht ein wenig Entlastung gebracht, aber ihre schlimmen Gefühlserinnerungen wären unbefreit in ihr geblieben.

Genau hinsehen

Bei einigen Frauen sind diese Prozesse kurz; meine Begleitung dauert nur zwei bis drei Sitzungen, besonders dann, wenn die Frauen ihre Hausaufgaben gut lösen können. Als Beispiel diene die Rückmeldung von Hanna W. nach drei Sitzungen mit dem Trauma «Wehensturm, Geburt mit Vakuumintervention und fehlendem Bonding»: Hanna W. kommt acht Monate nach der Geburt von Lea zu mir. Einige Tage zuvor hatte sie bei der Kontrolle ihrer Tochter bei der Mütter-Väter-Beraterin geäußert, dass sie sich sehr erschöpft fühle und nicht loskomme vom Gedanken, bei der Vakuumgeburt des Kindes versagt zu haben. Und überhaupt hätte sie ein sehr schlechtes Bild von ihrer schweren Geburt. Die Beraterin empfiehlt ihr, mich zu kontaktieren.

Nach dem dritten Beratungsgespräch gibt mir Hanna W. folgende Rückmeldung: *«Die Aufarbeitung der Geburt und der daraus entstandenen Probleme hat mir gut getan. Ich bin viele Schritte weitergekommen. Das hat mir nicht nur die Leichtigkeit nach unseren Gesprächen gezeigt, sondern auch meine stabile Gefühls- und Gedankenwelt in den vergangenen Wochen. Ich genieße das Zusammensein mit meiner Tochter Lea bewusster und habe auch ihren ersten Geburtstag von Herzen genießen können. Ich versöhne mich dadurch immer mehr mit den Erinnerungen an die schwere Geburt und den anschließenden Wochen und Monaten. Das ist eine unglaubliche Erleichterung. Ich danke Ihnen von Herzen dafür, dass sie mich ermutigt haben, genau hinzuschauen, Worte und Bilder zu finden.»*

Im dritten Beratungsgespräch erzählte mir Hanna W., dass sie auf meine Empfehlung und Anleitung hin nochmals ein Bondingritual mit Lea gemacht hatte. Dazu hat sie ihr Kind in den Arm genommen, ihm kurz die «aufgearbeitete» Geburt erzählt und es im neuen inneren Bild fest in die Arme geschlossen, nämlich so, wie sie es gerne unmittelbar nach der Geburt getan hätte. Dieses heilende Gespräch half ihr, die schmerzliche Lücke zu füllen, welche die Erinnerung an die sofortige Trennung nach der Geburt ausgelöst hatte. Sie sandte mir ein Bild dieses Rituals, das ihr Mann fotografiert hatte. Mutter und Kind wirken darauf sehr friedlich und versöhnt. Hanna W. schreibt dazu: «Lebenskunst ist die leidenschaftliche Hingabe in den Genuss des Augenblicks – als dauerte er eine Ewigkeit.» Das spricht für sich.

Die Horrorgeschichten sitzen unterschiedlich tief

Bei anderen Frauen braucht es eine längere Unterstützung als bei Hanna W. Der Aufarbeitungsprozess verläuft mühsam und zögerlich. Dabei treten Hindernisse auf, die schwierig zu erkennen und zu benennen sind. Mit der Zeit zeigen sie sich jedoch oft als unverarbeitete Traumen aus der Kindheit oder späteren traumatischen Erfahrungen. Diese schlummernden Drachen entwickelten sich während der Geburt zur hindernden Kraft.

Ich versuche der Frau zu erklären, dass sie durch die Geburt getriggert und retraumatisiert wurde. Wenn sie versteht, dass ihr Verhalten aufgrund ihrer Vorgeschichte und Prägung entstanden ist, kann das die Frau von Schuldgefühlen entlasten. In diesen komplexen Fällen beschränke ich mich auf das Bearbeiten der traumatischen Erinnerungen rund um die Geburt. Ich ermutige die Frau, die weiteren traumatischen Erfahrungen aus ihrem Leben in einer geeigneten Psychotherapie aufzuarbeiten.

Begleiten Hebammen Gebärende einfühlsam, ist die Chance gross, eine Retraumatisierung zu verhindern. So war es auch bei Tanja M: Sie litt in ihrer ersten Schwangerschaft unter Erschöpfung, Schlafstörungen sowie Rücken- und Bauchschmerzen. Sie suchte bei mir Entspannung und Unterstützung durch Massagen. Über eventuelle Ursachen dieser Beschwerden wollte sie mit mir nicht sprechen. Gegen Ende der Schwangerschaft wünschte sie eine individuelle Geburtsvorbereitung mit ihrem Partner. Hier äußerte sie auf einmal Bedenken, während der Geburt nicht loslassen zu können. Endlich getraute sie sich, mir den jahrelangen Missbrauch in ihrer Kindheit anzuvertrauen. Ich half ihr, eine Beleghebamme zu finden. Diese wurde für Tanja M. eine wichtige Vertrauensperson für die Geburt.

Das Baby kam im Spital in der Badewanne zur Welt. Am gleichen Tag rief sie mich beglückt an: *«Die Geburt war ein anstrengendes, kraftvolles Ereignis. Ich habe mir während der Wehen immer wieder gesagt: ‹Da gehst du durch.› Jetzt habe ich große Freude und zum ersten Mal in meinem Leben das Gefühl erlebt: ‹Das habe ich gut gemacht›.»*

Die erste Zeit nach der Geburt ging es Tanja M. gut. Sie besuchte bei mir einen Babymassage- und später einen Rückbildungsgymnastikkurs. Auf einmal fühlte sie sich wieder sehr erschöpft. In einem persönlichen Gespräch stellte ich fest, dass sie in ihrem Familiensystem an vielen Orten getriggert und von Bildern aus ihrer Kindheit überflutet wurde. In dieser Situation empfahl ich Tanja M., eine systemische Psychotherapie in Anspruch zu nehmen, um die Traumen aus ihrer Kindheit weiter zu verarbeiten und den Triggern noch weiter auf die Spur zu kommen.

Das ist ein Beispiel, wie Fachpersonen durch aufmerksames Hinhören und Begleiten eine Retraumatisierung verhindern können. Ich ordne mich in diesen Fällen als erfahrene Hebamme, Beraterin und Begleiterin rund um die Themen Schwangerschaft, Geburt und die Zeit danach ein. Längerfristige Therapien gehören für mich in die Hände speziell ausgebildeter Psychotherapeutinnen.

Warum ich Frauen bei der Verarbeitung traumatischer Geburten unterstütze

Nach 13-jähriger Tätigkeit im Gebärsaal mit mehr als 1000 Geburten bildete ich mich 1985 zur Kursleiterin in Geburtsvorbereitung weiter. In dieser Zeit erwartete ich mein erstes Kind. Ich war in meinen Gefühlen sehr offen und sensibel. Bilder schwerer Geburten, die ich früher als Hebamme miterlebt hatte, tauchten in mir auf, vor allem in Träumen. Das forderte mich heraus, diesen Drachen in mir aufzudecken und zu überwinden, weil ich spürte, dass er mich daran hinderte, zuversichtlich in die Geburt zu gehen. So setzte ich mich intensiv mit meinen bedrohlichen Gefühlen auseinander. Durch Körperarbeit, Kontakt mit meinem Baby und Geburtsvorbereitung mit meinem Mann bei einer Kollegin unternahm ich alles, was ich konnte, um Vertrauen und Zuversicht aufzubauen.

Die Themen *Trauma* bzw. *Aufarbeiten traumatischer Geburten* waren damals tabu, obwohl es nicht selten schwere Geburten gab. Aus Scham, Schuldgefühlen, Angst oder anderen Gründen äußerten sich die Frauen kaum darüber. Wagte es eine Frau dennoch, uns Fachleuten gegenüber eine Aussage über ihre schreckliche Erfahrung zu machen oder in der Folgeschwangerschaft über ihre Ängste vor der Folgegeburt zu klagen, wurde sie gleich vertröstet: «Vergessen Sie, was war. Das nächste Mal geht es leichter und besser!» Manchmal traf dies zu. Was aber, wenn dem nicht so war?

Die Geburt unserer Tochter und die des Sohnes zwei Jahre später wurden eindrückliche Erlebnisse. Fortan war ich als Mutter, Hebamme und Geburtsvorbereiterin ständig in Kontakt mit schwangeren Frauen und ihren Ängsten vor der Geburt oder den Horrorerinnerungen danach. Meine Erfahrungen aus meinen beiden Schwangerschaften und Geburten lehrten mich, diese Ängste ernst zu nehmen und sie den Frauen nicht mehr auszureden oder sie zu vertrösten. Stattdessen unterstützte ich die Frauen darin, ihre Horrorgeschichten rund um die Geburt aufzuarbeiten. Berufsbegleitend bildete ich mich in Massage und Gesprächsführung sowie Trauma- und Trauerbewältigung weiter. Obwohl es sie damals noch kaum gab, suchte ich nach Literatur, um die Frauen kompetent unterstützen zu können. Hilfreiche Bücher, unter anderen von Levine, Meissner und Bloemeke, entdeckte ich erst später.

Einigen Frauen stand ich als Begleithebamme auch während der Geburt bei. Erzählte ich dabei meinen Kolleginnen im Gebärsaal von meiner neuen Beratungstätigkeit, wurde ich oft nicht verstanden: «Ist das nicht übertrieben? Die Frauen werden ja total kompliziert im Umgang mit ihren

Geburten.» Um das Jahr 2000 war das Thema *Trauma* plötzlich überall präsent. Jede dritte Frau sprach von einer traumatisch erlebten Geburt. Das Tabu war gebrochen, der Begriff des Traumas war in die Welt gesetzt. Der Begriff *Trauma* wurde oft verwendet, aber auch viel missbraucht. Wie meine ich das? In Beratungsgesprächen entdecke ich, dass es Frauen gibt, die von einer traumatischen Geburt sprechen, obwohl das meiner Ansicht nach nicht zutrifft. Beim genaueren Hinhören stellte ich nämlich fest, dass die Frauen lediglich enttäuscht waren, dass die Geburt nicht so verlief, wie sie es sich erträumt hatten, nämlich schmerzlos, schnell und harmonisch, sondern anstrengend und herausfordernd. Gebären ist und bleibt eine große Herausforderung!

Andere Frauen fühlen sich dem Geburtsgeschehen ausgeliefert, überwältigt und geschockt. Das kann ein Trauma bewirken. Ich unterscheide also zwischen Frauen, die vom Geburtserlebnis enttäuscht sind, und solchen, die durch dieses Erlebnis traumatisiert wurden.

Die Erkenntnisse aus dem Weiterbildungsseminar für Hebammen zum Thema *Trauma erkennen – Trauma begleiten* mit Christiane und Alexander Sautter bestätigte, was ich mir seit langem durch Theorie in Weiterbildungen und meine langjährige Praxiserfahrung angeeignet hatte. Ich lernte Wichtiges aus dem systemischen Ansatz und der Traumaforschung hinzu und entdeckte, welche Hindernisse Trigger, Glaubenssätze und Doublebinds sein können. Das erweist sich als sehr wertvoll und hilfreich. So wurde es beispielsweise Cornelia U. in einem Gespräch mit mir bewusst, dass sie der im Unterbewusstsein festgelegte Glaubenssatz «Weil meine Mutter nicht gebären konnte, kann ich es auch nicht» bei der ersten Geburt sehr hinderte. Cornelia U. konnte sich davon lösen und fand einen Weg zu einer natürlichen zweiten Geburt, wie sie es sich eigentlich immer gewünscht hatte.

Geburtstrauma und Männer

Was gehen Geburtstraumen die Männer an? Viele Partner sind dabei, wenn ihre Frauen traumatisiert werden. Dadurch gelingt es einigen Männern zu verstehen, dass ihre Partnerin vom Erleben überfordert wurde. Andere Männer jedoch werden durch dieses Geschehen selber überfordert und ihrerseits traumatisiert. So gibt es Männer, die dabei sein wollen, wenn ihre Frauen die traumatisch erlebte Geburt aufarbeiten. Sie beteiligen sich am Gesprächs- und Verarbeitungsprozess und erleben dadurch nicht nur die grosse Erleichterung bei ihrer Partnerin, sondern werden selbst erleichtert. Dass ein Mann jedoch von sich aus über seine Überforderung und sein Trauma spricht, ist nach wie vor eher selten anzutreffen. Ob sich das noch verändern wird?

Letzthin hatte ich zum ersten Mal einen Mann allein in der Beratung, der das Geburtserlebnis aufarbeiten wollte. Michael B. äußerte: *«Meine Frau Susanne und ich haben viel über die schwere Geburt unseres Sohnes Sven gesprochen. Susanne geht es heute gut. Ich aber benötige Hilfe im Blick auf die bevorstehende Geburt unseres zweiten Kindes.»* Die klärenden Gespräche halfen ihm, belastende Erinnerungen loszulassen und Zuversicht zu gewinnen. Ich gebe meiner Hoffnung Ausdruck, dass sich künftig vermehrt auch Männer getrauen, allfällige traumatische Erlebnisse bei der Geburt ihres Kindes mit Hilfe von Fachpersonen zu verarbeiten.

Fachleute und Geburtstraumen

Auch Fachleute wie Hebammen, Ärzte und Ärztinnen können durch ihre Arbeit traumatisiert werden. Verläuft eine Geburt aus irgendwelchen Gründen horrormäßig, ist es möglich, dass am Schluss alle Beteiligten traumatisiert sind. Das bedeutet, dass sie alle ihre unterschiedlichen Traumen nicht verdrängen, sondern aufarbeiten sollten. Sonst besteht die Gefahr, dass in einer ähnlichen Situation Trigger aufkommen und es zu einer Retraumatisierung kommen kann. Ein Beispiel: Marianne K, eine erfahrene Hebamme, meldet sich bei mir. Sie weiß, dass ich mit Frauen traumatische Geburtserfahrungen aufarbeite. *«Ausgelöst durch eine schwere Geburt, leide ich seit Jahren an einem Trauma. Vor fünf Jahren begleitete ich eine Frau. Nach Kopfdurchtritt blieb das groß gewachsene Kind mit seinen Schultern im Geburtskanal stecken. Nur mit großer Mühe konnten wir Fachleute es herausholen. Das Kind trug schwere Folgen davon. Obwohl wir diesen Fall im Team besprochen und bearbeitet hatten, leide ich seither bei jeder Geburt, bei der ein großes Kind erwartet wird, unter Stress, Schwindelanfällen und Schweißausbrüchen. Ich verliere fast den Boden unter den Füßen.*

Kannst du auch mir helfen?»
Im Gespräch wurde klar, dass Marianne K. diese Geburt zwar im Kopf bearbeitet hatte, ihre Gefühle aber in ähnlichen Situationen getriggert wurden. Nachdem sie erkannt hatte, was Trigger sind, welche Möglichkeiten es gibt, um gut mit diesen umzugehen, und das Gelernte umsetzt, geht es ihr wesentlich besser. Vor kurzem gab sie mir Rückmeldung über eine neue Erfahrung. Sie wagte es, eine Frau mit einer zuvor traumatisch erlebten Geburt und in Erwartung eines großen Kindes in der Badewanne gebären zu lassen.

Übrigens hatte Marianne K. erfahren, dass diese Gebärende bei mir die traumatische erste Geburt aufgearbeitet hatte. Die beigezogene Ärztin, die um die traumatische Erfahrung von Frau und Hebamme wusste, gab beiden Rückhalt. Das Team funktionierte wunderbar. Das Kind, groß und kräftig, schlüpfte ohne Dammverletzung der Mutter ins Wasser und von dort in ihre Arme. Alle hatten eine neue, beglückende und heilsame Erfahrung gemacht.

Vernetzung

Ich bin froh, dass durch meine langjährige Tätigkeit ein tragendes Netzwerk entstanden ist. Einerseits tragen rund 150 Frauen dazu bei, die mit mir ihre schweren Geburten aufgearbeitet haben. Sie erzählen ihre befreienden Erfahrungen anderen Frauen sowie Hebammen, Ärzten und Ärztinnen weiter. Andererseits suchen Hebammenkolleginnen, Ärzte, Ärztinnen, Stillberaterinnen und Mütter-Väter-Beraterinnen die Zusammenarbeit mit mir und weisen auf mein Angebot hin.

Dadurch ist in der Region Bern in den vergangenen Jahren eine wertvolle, ergänzende Zusammenarbeit entstanden, durch die traumatisierte Frauen achtsam, respektvoll und unterstützend begleitet wurden und werden. Diese Zusammenarbeit gibt mir Vertrauen, dass eine traumatisierte Frau, die ihr Trauma bei mir verarbeitet hat und gut auf eine weitere Geburt vorbereitet ist, auch im Geburtsgeschehen mit ihren Anliegen und Wünschen ernst genommen und gut weiter begleitet wird.

Yvonne Z. äußert das so: *«Frau Antener, Sie waren im Gebärsaal ständig unsichtbar präsent. Das neue, innere Bild, das wir in der Vorbereitung be-*

sprochen hatten, begleitete mich durch die Geburt. Ihre Worte aus der Vorbereitung – Laa gaa (Schweizerdeutsch für «Gehen lassen») – tönten und wirkten mit jedem Atemzug in den Wehen. Die Hebamme redete mit ähnlichen Worten wie Sie und unterstützte mich einfühlsam. Auch die Ärztin nahm ihre Aufgabe zuvorkommend wahr. Diese Geburt war eine ganz neue, heilsame Erfahrung.»

2003 gründete die Schweizer Hebamme und Buchautorin Brigitte Meissner mit Hebammen, die aufgrund ihrer Weiterbildung Verarbeitung der Geburt anbieten, das Netzwerk www.verarbeitung-geburt.ch. Frauen, die Hilfe suchen, nutzen diese Internetplattform häufig.

Mit dem Trauma Frieden schließen!

Durch das Aufarbeiten der schwierigen Geburten schließen viele Frauen Frieden mit den traumatischen Erlebnissen. Oft wird dieser Friedensschluss mit einem Versöhnungs-Bindungs-Ritual gefestigt, wie es Hanna W. getan hat. Befreite Gefühle aus einem Trauma wirken sich letztlich im ganzen Familiensystem aus, spürbar für Frau, Mann und Kind(er). Viele dankbare Rückmeldungen bestätigen das. Aussagen wie «Der Weg war sehr heilsam» werden oft formuliert. Sie ermutigen mich, mich weiterhin zum Wohl von Mutter, Vater und Kind einzusetzen.

Ich bin überzeugt davon, dass es keine Frau bereut, die es in den vergangen Jahren angepackt hat, ihre traumatisch erlebte Geburt aufzuarbeiten. Von vielen weiß ich es, weil ich sie in der Folgeschwangerschaft begleitete und sie eine ganz neue Geburtserfahrung, vielleicht sogar ihre Traumgeburt erleben durften. Dadurch schlossen sie wirklich Frieden mit den schwierigen früheren Erfahrungen. So hat jede weitere Geburt ein Potential in sich, frühere Geburtstraumen zu heilen. Ich danke den vielen Frauen und einigen Männern herzlich dafür, dass Sie mir ihr Vertrauen schenkten und mir ihre traumatischen Geschichten erzählten. Ich lernte dadurch sehr viel. Immer wieder realisiere ich: Ein Kind zu gebären, ist und bleibt ein tief greifendes Erlebnis, ein Abenteuer im Leben einer Frau, eines Paares, ein großer Wendepunkt im Familiensystem.

Die Ziele der Hebammenarbeit bei der Verarbeitung traumatischer Geburten

Ziele im Wochenbett:
Merken und akzeptieren, dass die Frau einen Drachen in sich spürt.

Ziele sechs bis acht Monate nach der Geburt:
Die Frau darin unterstützen, ihren Drachen anzupacken, zu bändigen, zu überwinden und dadurch Heilung zu erfahren. Die Frau frei machen für ihr Frau- und Muttersein.

Ziel in der Folgeschwangerschaft:
Die Frau darin unterstützen, den wieder auflebenden Drachen aus der ersten Geburt zu überwinden und frei zu werden für die Folgegeburt. Die Frau ermutigen, den Geburtsverlauf eigenverantwortlich und der Situation angepasst mitzubestimmen.

Ziel bei missbrauchten Frauen:
Die Frau vor einer Retraumatisierung durch die Geburt schützen, bzw. nach einer Geburt, die retraumatisiert hat, Hilfe anbieten, wie die Frau das Trauma erkennen und verarbeiten kann. Die Frau nötigenfalls motivieren, eine längerfristige Therapie anzugehen, um den uralten Drachen zu überwinden.

Teil II
Vorschläge zur Traumaheilung
ein systemisches Therapiekonzept für Kollegen

Die systemische Psychotherapie ist lösungs- und ressourcenorientiert. Deshalb eignen sich ihre Interventionen hervorragend für die Traumatherapie. Wir stellen im zweiten Teil unseres Buches vor, wie wir durch Verknüpfung des systemischen Ansatzes mit traumatherapeutischen Interventionen und den Erkenntnissen der modernen Hirnforschung erfolgreich mit unseren Klienten arbeiten.

Natürlich sind wir nicht die „Erfinder" einer systemischen Traumatherapie. Vielleicht waren wir unter den ersten, die diesen Begriff in Deutschland benutzten, da der Begriff „Trauma" in der systemischen Psychotherapie lange Zeit verzichtbar erschien. In unserer Ausbildung wurden wir eher belächelt und es hieß: „Systemiker kommen ohne den Traumabegriff aus. Wir brauchen ihn ganz einfach nicht."

Eine der Grundlagen der systemischen Sicht ist der Verzicht auf Monokausalität. Verhalten lässt sich nie nur einer Ursache zuschreiben. Die Interpunktion der Klienten ist, um mit Watzlawick zu sprechen, ganz willkürlich und hat deswegen nur insofern Aussagekraft, als es für den Therapeuten interessant sein kann, wozu der Klient diese Interpunktion nutzt. Klienten verhalten sich auf eine bestimmte Weise, um Ziele zu erreichen. Wenn das Verhalten nicht den gewünschten Erfolg bringt, neigen die meisten Menschen dazu, das bereits gezeigte Verhalten zu intensivieren: „mehr desselben". Doch wie schon erklärt, hilft das meist nicht weiter und einige suchen sich Hilfe von außen.

Uns Therapeuten ist es gleich-gültig, wer was wann und wie gemacht hat. Wir versuchen an Hand weniger Beispiele herauszufinden, wozu der Klient - meist unbewusst - sein Verhalten nutzt. Haben wir das Muster gefunden und verbalisiert, kann dem Klienten klar werden, warum er sein Ziel auf diese Weise nicht erreicht. Zusammen können wir andere, neue Verhaltensweisen erarbeiten, durch welche er tatsächlich zum Ziel kommt.

In Sitzungen, in denen es um Familienkonflikte, Paarprobleme, Fragen der Selbstorganisation und veraltete Glaubenssätze geht, gehen wir so vor. Doch wie schon beschrieben, hatte dieses Vorgehen bei Klienten mit traumatischer Vorgeschichte wenig bis keinen Erfolg. Außerdem sträubte sich rein menschlich etwas in uns, das Verhalten missbrauchter Frauen auf dessen Nutzen für das System zu reduzieren, zumal sich alle Frauen so ähnlich verhielten, dass man kaum von einer individuellen Ausprägung sprechen konnte.

Zum Thema „Trauma" hatten wir 2006 auf einem Kongress in Lindau ein interessantes Gespräch mit Prof. Dr. Giorgio Nardone, dem langjährigen Mitarbeiter Paul Watzlawicks, der in Arezzo einen Lehrstuhl für systemische Kurzzeittherapie innehat. Dr. Nardone gilt als großer Kritiker der Traumahypothese als alleiniger Ursache für psychische Störungen. Uns gegenüber führte er aus, dass er sich vor allem dagegen wende, dass Therapeuten ihren Klienten ein Kindheitstrauma regelrecht einredeten. Er bestätigte jedoch nicht nur in diesem Gespräch, sondern auch in einer Sitzung, die er mit einer unserer Klientinnen vor dem Plenum hielt, dass traumatische Erlebnisse die Gegenwart überschatten und sich damit auf die Gestaltung der Zukunft auswirken.

Watzlawick und Nardone schreiben im Prolog zu dem Buch „Kurzzeittherapie und Wirklichkeit" (Piper, München, Zürich, 2005): „Der Grundgedanke ist folgender: Die Beseitigung der Störung erfordert das Durchbrechen des zirkulären Systems von Wechselwirkungen zwischen Individuum und Wirklichkeit, das die problematische Situation aufrecht erhält, die Neudefinition der Situation und die entsprechende Veränderung der Wahrnehmungen und Auffassungen der Welt, die die Person zu gestörten Reaktionen zwingen. Aus dieser Perspektive ist der Rückgriff auf Notizen oder Informationen über die Vergangenheit oder die sogenannte ‚klinische' Geschichte des Patienten nur ein Mittel, um bessere Lösungsstrategien für die gegenwärtigen Probleme entwickeln zu können, und kein therapeutisches Verfahren wie in den traditionellen Formen der Psychotherapie" (S. 14).

In diesem Sinne betreiben wir systemische Traumatherapie: Wir greifen auf die Vergangenheit zurück, um den passenden Schlüssel für die Veränderung der Gegenwart zu finden.

Der wichtige Unterschied zwischen einer Lösungsstrategie und einem Traumatrigger

Eine Lösungsstrategie ist Verhalten, das auf Grund eines Kontextes gebildet wird, um damit ein bestimmtes gewünschtes Ziel zu erreichen.

Hirnphysiologisch entsteht Verhalten dadurch, dass Reize durch den Hypothalamus auf Amygdala stoßen und dort spezifische Gefühle auslösen. Diese Information geht an Hippocamus, der die Gefühle benennt und in den zeitlichen Ablauf einordnet. Das Ereignis hat einen Anfang und ein Ende und findet an einem bestimmten Ort statt. Die konkrete Information wird an den Kortex gesendet, der sie auswertet und entscheidet, welche Handlungen folgen sollen. Natürlich geschieht dies alles im Bruchteil von Sekunden und ist uns nicht bewusst. Trotzdem sind wir durch die Tatsache, dass wir die Reize auswerten und Handlungsmuster konzipieren, bewusst an der Entscheidung beteiligt, ganz gleich in welch zartem Lebensalter wir uns befanden. Das dadurch entstandene Verhalten kann in Lösungsstrategien münden, die zum Zeitpunkt ihrer Entstehung zielführend gewirkt haben mögen.

Beim Trauma funktioniert das Gehirn anders und zwar *ohne, dass der Betroffene etwas daran ändern könnte.* Und das ist wirklich wichtig! Genauso wenig wie wir die Produktion von Adrenalin und Noradrenalin, die Bildung von Magensäure und Verdauungssäften und den Herzschlag bewusst steuern können, sind Menschen in der Lage, ihr Verhalten während einer als traumatisch erlebten Situation willentlich zu steuern. Das Gehirn schaltet buchstäblich auf einen Schockmodus um, ohne dass die Betroffenen etwas daran ändern könnten. Warum erstarren Menschen in Gefahrensituationen, wenn sie sich durch Wegrennen in Sicherheit bringen könnten?

Hirnphysiologisch können die traumatischen Reize nicht wirklich ausgewertet werden; Emotionen wie Verzweiflung, Panik und Entsetzen überfluten das Bewusstsein, ohne dass Hippocampus in der Lage wäre, diese zuzuordnen. Der Kortex hat keine Möglichkeit, auf das Chaos zu reagieren, das Sprachzentrum wird abgekoppelt: Der Mensch befindet sich hirnphysiologisch gesehen im Niemandsland, ohne die Situation und sich selbst zu verstehen und ohne sich verständlich machen zu können.

Nun liegen die traumatischen Erlebnisse unserer Klienten meist mehr oder weniger weit in der Vergangenheit. Sie melden sich in Form von Trigger-reaktionen in der Gegenwart zurück. Kaum fühlt sich der Betroffene in ir-gendeiner Weise an sein Trauma erinnert, reagiert er spontan und nicht mehr steuerbar ähnlich wie damals, als das Schreckliche geschah.

Autonom vom Gehirn gesteuerte Reaktionen auf Triggersituationen können wir bei bestem Willen nicht als Lösungsstrategie bezeichnen, es sei denn wir würden die Produktion von Magensäure kurz vor der Essensaufnahme ebenfalls eine Lösungsstrategie nennen.

Der grundsätzliche Unterschied zwischen einer Lösungsstrategie und einer Triggerreaktion besteht also darin, dass Lösungsstrategien erlernt, bzw. erdacht, Triggerreaktionen dagegen vom autonomen Nervensystem aufgezwungen sind. Aus diesem Grund schaffen es die Betroffenen nicht, ihre Reaktionen zu verändern und aus diesem Grund kann Traumatherapie länger dauern als in systemischen Praxen gewohnt.

Es muss uns dabei gelingen, die Wechselwirkung zwischen Triggersituati-on und autonomer Reaktion des Nervensystems zu unterbrechen. Wir kön-nen dies mit dem Abtrainieren von instinktiven Angst- und Fluchtreaktionen bei der Ausbildung von Personenschützern oder Soldaten vergleichen.

Je früher und je schwerer die Traumatisierung war, umso länger kann die-ser Prozess dauern. Wir empfehlen Geduld, denn das wenigste, was ein Klient brauchen kann, ist ein ungeduldiger Therapeut.

Mit der von uns angewandten Kombination von Interventionen konnten wir vielen Klienten helfen; einigen auch nicht. Das spornt uns an, unsere Techniken weiter zu verfeinern. Im Folgenden unser Vorschlag zur syste-mischen Traumaheilung. Natürlich sollen die acht Schritte nicht schema-tisch angewandt werden. Vermeiden Sie jedoch, die Traumakonfrontation zu früh durchzuführen. Jeder, der erlebt hat, was eine spontane Erinnerung an ein Trauma bei einem Menschen auslösen kann, wird sich davor hüten, wissentlich "den Korken aus dem Fass zu ziehen". Allen Beteiligten fällt die Arbeit leichter, wenn der Klient Zeit hat, sich zuerst zu stabilisieren.

Ein systemischer Heilungsweg in acht Schritten

1. Vertrauen schaffen – Parteinahme für das Opfer

Nicht nur für systemische Therapeuten sollte Wertschätzung gegenüber den Klienten zu den Grundlagen unserer Tätigkeit gehören. Dies brauchen wir hier kaum zu vertiefen. Unsere gewohnte Allparteilichkeit rückt jedoch bei traumatisierten Patienten in den Hintergrund. Für Traumaopfer ist es absolut wichtig, dass wir Partei für sie ergreifen, auch wenn wir wissen, dass jeder Täter zuerst einmal Opfer war.

Wir haben in Deutschland zudem eine deutliche Fixierung auf Täter, was durchaus etwas mit unserer Geschichte zu tun haben kann. Wie viel Geld wird für Täter ausgegeben, für ihre Therapie und Resozialisierung, wogegen die meisten Opfer ihre Therapie selbst bezahlen müssen, da die Kassen die Kosten für eine Psychotherapie immer seltener übernehmen! Die meisten Opfer werden denn auch wütend, wenn sie wittern, dass der Therapeut den Täter „versteht". Mit Parteinahme für das Opfer ist nicht ein feministisches Verbünden mit der Klientin gemeint, eine Falle, in die Christiane zuweilen tappte, bis sie merkte, dass ihr eigener Zorn der Klientin keineswegs half, ihre Schwierigkeiten zu bewältigen, sondern deren Problemfixierung noch verstärkte. Es ist jedoch wichtig, dass die Klientin spürt, dass wir ihr glauben und hinter ihr stehen. Kinder, die sexuelle Gewalt erlebten, sind immer allein. Häufig wird ihnen nicht geglaubt. Diese Situation darf sich in der Therapie natürlich nicht wiederholen.

Einer Klientin mit deutlichen Symptomen von sexuellem Missbrauch und klaren Erinnerungen gelang es durch unsere Arbeit, sich zu stabilisieren. Da sie weit entfernt wohnte, ging sie danach zu einer Therapeutin an ihrem Wohnort. Als sie dieser von ihren Erfolgen berichtete, sagte sie: „Du willst sexuell missbraucht sein! Dass ich nicht lache! Du wirst ein bisschen an dir herumgefummelt haben." Glücklicherweise war unsere Klientin so stabil, dass sie sich umgehend eine andere Therapeutin suchte.

Eine wichtige Frage, die sich jeder Therapeut vor der Arbeit mit einem traumatisierten Klienten stellen sollte, ist die, ob er mit dem Betroffenen arbeiten will und kann. Traumaarbeit kann länger dauern und heißt für uns, mit dem Klienten auch durch Krisen, also durch „dick und dünn" zu gehen. Wir werden zur „stabilen Bezugsperson", wo endlich all das Platz hat, was immer verheimlicht werden musste. Dieser Verantwortung müssen wir uns bewusst sein, bevor wir den therapeutischen Auftrag annehmen.

Eine Frau, die unser Traumabuch gelesen hatte und in der Umgebung wohnte, rief begeistert an und wollte unbedingt einen Termin. Schon während des Telefongesprächs merkte Alexander, dass diese Frau sehr viel Zuwendung und Zeit brauchte, viel mehr, als wir es in unserer Praxis hätten aufbringen können. Er dankte der Frau für ihr Vertrauen und erklärte ihr, dass er sie zwangsläufig werde enttäuschen müssen, da unser Zeitrahmen eine so intensive Betreuung, wie es für sie nötig sei, nicht zulasse. Die Frau war traurig, bedankte sich jedoch für die Offenheit.

Wir raten missbrauchten Frauen dazu, sich Hilfe bei Therapeutinnen zu suchen. Jeder Mann kann auf Grund seines Geschlechts zum Trigger werden, und das wäre in einer Traumatherapie nun wirklich nicht hilfreich. Das gilt natürlich auch umgekehrt: Handelte es sich um eine Täterin, wäre ein männlicher Therapeut besser geeignet. Wir erinnern uns an eine Aufstellung mit einem Klienten, der durch seine Mutter traumatisiert worden war. Christiane merkte bald, dass allein ihre Anwesenheit den Mann so verunsicherte, dass er dissoziierte. Sie setzte sich ganz still in den Hintergrund und überließ Alexander die therapeutische Arbeit.

Wenn ein Kollege bemerkt, dass ihm eine Traumatherapie über den Kopf wächst, ist der fachlich begründete Wechsel gut vorzubereiten, damit der Klient sich nicht ein weiteres Mal verstoßen fühlt. Die Verantwortung dafür, den Klienten an einen Kollegen zu vermitteln, nimmt der Therapeut auf sich; ihm ist klar geworden, dass er für diesen Fall nicht genügend kompetent ist. Eigentlich eine Selbstverständlichkeit oder?

2. Diagnose

Wie im ersten Teil des Buches beschrieben, kann man ein Trauma entweder auf Grund von Erinnerungen oder von Symptomen und typischen Verhaltensmustern diagnostizieren. Gerne machen wir an diesem Punkt ein genaues Genogramm und lassen uns berichten, was in der Familie geschehen ist, um herauszufinden, ob es sich um ein eigenes oder ein übernommenes Trauma handelt. Bei Verdacht auf ein übernommenes Trauma nehmen wir uns Zeit für die Familienforschung. Dazu geben wir den Klienten Hausaufgaben auf: Sie sollen herausfinden, was in den letzten hundert Jahren geschehen ist, Fotos und alte Briefe mitbringen, sowie Jahreszahlen und historische Fakten überprüfen. In Deutschland kann diese Überprüfung wichtig sein, denn wenn es um den Nationalsozialismus geht, wird immer noch gelogen und geschönt.

So berichtete eine über sechzigjährige Klientin, ihre Eltern hätten nichts mit den Nazis zu tun gehabt, dagegen sei ihr Großvater sehr aktiv gewesen. Ihr eigener Vater hatte spät geheiratet und war bei ihrer Geburt bereits fünfzig Jahre alt gewesen. Als wir ihr Genogramm mit Jahreszahlen versahen, wurde deutlich, dass der Großvater 1933 bereits über achtzig Jahre alt gewesen war und kaum die führende Rolle in Nazideutschland hätte spielen können, die ihm nach der Familiengeschichte zugeschrieben wurde. Dagegen war ihr Vater im besten Mannesalter gewesen. Plötzlich fiel es ihr wie Schuppen von den Augen: Ihr Vater war der Nazi! Jetzt konnte sie alle Puzzleteilchen, für die sie zuvor keinen Platz gefunden hatten, endlich zuordnen.

Ein Wort zu Hausaufgaben: Wir geben unseren Klienten regelmäßig Hausaufgaben. Die meisten machen diese Hausaufgaben, denn sie sind froh, selbstständig etwas zu ihrer Heilung beitragen zu können. Trigger und Doublebinds können wir nur entschärfen, wenn die Klienten auch im Alltag damit arbeiten. Da wir genau erklären, warum wir die Mitarbeit brauchen, wird sie von denjenigen, die wirklich etwas verändern wollen, gerne geleistet. Wir machen die Erfahrung, dass mündige, aufgeklärte Klienten sehr motiviert sind, an der Verbesserung ihrer Problematik zu arbeiten. Gerade für traumatisierte Menschen ist es wichtig, dass sie sich selbst helfen lernen, denn das ist das Gegenteil von Trauma.

3. Psychoedukation

Zwischenzeitlich sollte klar sein, warum es therapeutisch wirksam ist, die Symptome dem Trauma zuzuordnen. Aus diesem Grund klären wir unsere Klienten auf, was in ihrem Gehirn geschieht und wie dieser Prozess umgekehrt werden kann. An dieser Stelle führen wir das Triggerbuch ein. In unserer Praxis haben wir tatsächlich einen Stapel kleiner Blöckchen, die wir den Klienten mitgeben. Das verstärkt den Eindruck, dass das Führen des Triggerbuchs wirklich wichtig ist. Der Trigger ist der Wegweiser zur Ursache, zum Trauma. Klienten, die diese Arbeit dauerhaft verweigern, können wir nicht weiterhelfen.

4. Ressourcenarbeit

Die Arbeit mit Ressourcen gehört grundsätzlich zur systemischen Alltagspraxis. Zum einen stärken wir dadurch den Selbstwert unseres Klienten, zum anderen weichen wir seine Problemfixierung auf. Menschen mit Problemen neigen im Allgemeinen dazu, die gesamte Aufmerksamkeit darauf zu lenken. Eine gewisse Zeit mag das richtig sein, doch häufig verselbständigt sich die Hinwendung, so dass außerhalb des Problems nichts mehr wahrgenommen wird.

Das Problem ist wichtig und behält seinen Stellenwert; doch das Trauma ist vorbei und in der Gegenwart ist das Leben auch schön. Wir erweitern den Blickwinkel des Klienten und bieten ihm Ausstiegsmöglichkeiten aus seiner Problemtrance.

Mentaltraining durch positive innere Bilder
Neben dem allgemeinen Repertoire an Interventionen sind bei Traumaklienten die Imaginationen vom sicheren Ort und dem unverletzbaren Schatz besonders hilfreich. Die positiven inneren Bilder dienen dazu, ein Gegengewicht zu den destruktiven zu schaffen. Frau Dr. Reddemann entdeckte die Heilkraft dieser Bilder, als sie diejenigen Klienten in ihrer Traumaklinik befragte, denen es rasch besser ging. Sie fand heraus, dass diese Menschen ihre Phantasie nutzten, um sich durch positive innere Bilder in eine friedliche, glückliche Stimmung zu versetzen.

Frau Dr. Reddemann schuf ein Therapiekonzept, durch welches Traumaklienten lernen, ihr Bedürfnis nach Schutz und Sicherheit mit Hilfe innerer Bilder zu erfüllen. Dies entspricht einem wichtigen Bestandteil der systemischen Psychotherapie, denn auch wir versetzen den Klienten mittels hypothetischer Fragen oder der „Wunderfrage" in den gewünschten Zielzustand. Mittels der Spiegelneuronen werden im Gehirn dieselben Nervenreaktionen ausgelöst, als ob das Ziel bereits erreicht wäre. Je öfter der Zielzustand in der Imagination verwirklicht wird, umso wahrscheinlicher wird es, dass die Betroffenen auch im Alltag entsprechend reagieren. Bei traumatisierten Menschen heißt das, dass sie sich immer selbstständiger schützen können und die Regie über ihre Gefühle behalten.

Es ist besonders bei Traumaklienten wichtig, jeden einzelnen Schritt vorher genau zu erläutern. Deshalb erklären wir den Unterschied therapeutischer Bilderreisen zu den angenehmen Imaginationen, die im Wellnessbereich zur Entspannung angeboten werden. Bei therapeutischen Bilderreisen geht es nicht in erster Linier um Entspannung, sondern um das mentale Training. Der Inhalt der Reise wird vorher mit dem Klienten genau abgesprochen. Der Klient stattet die Imagination mit eigenen ihm angenehmen Elementen aus. Dann wird die Reise aufgeschrieben. Traumatisierte Menschen brauchen ein Höchstmaß an Sicherheit. Sie müssen wissen, was sie erwartet, deshalb machen sie immer dieselbe Reise. Einigen hilft es, den Text aufzunehmen.

Die Imagination wird grundsätzlich im Sitzen durchgeführt. Auch diese Maßnahme vergrößert die Sicherheit. Sitzend fühlen sich die meisten stärker als liegend. Wir bieten sogar an, die Augen beim Imaginieren geöffnet zu halten.

Wie wichtig die sitzende Körperhaltung für einen traumatisierten Menschen sein kann, erlebte Christiane mit einer Klientin, die von ihrem Therapeuten dazu angehalten worden war, auf der Couch zu liegen, wobei der Mann hinter ihr saß. Obwohl sie ihm mitteilte, dass sie das Liegen so sehr an ihre Traumatisierung erinnere, dass es ihr ganz furchtbar ginge, erlaubte er ihr nicht, sich hinzusetzen. Er erklärte ihr, dass Patienten bei dieser Therapieform immer liegen. Nachdem sie drei- bis viermal die Woche Sitzungen nehmen musste, ging es der Frau zunehmend schlechter. Sie entwickelte schwere Panikattacken, die sie vor der Therapie nicht gehabt hatte, und weil das Liegen zu einem Trigger geworden war, konnte sie nachts nur noch im Sitzen schlafen. Nachdem es ihr fast nicht mehr möglich war, ihrem Beruf nachzugehen, brach sie die Therapie ab.

Wenn wir die Imagination mit dem Klienten in der Praxis machen, führen wir ihn durch seine Bilder. Dabei bitten wir ihn, seine Erlebnisse zu beschreiben. Durch seinen Bericht halten wir Kontakt mit ihm und sind in der Lage, augenblicklich zu reagieren, wenn sich ungewollte Bilder aufdrängen. Diese ungewollten Bilder können Traumatisierte plötzlich überraschen. Wir erinnern uns an einen Klienten, der seinen inneren Garten imaginierte. Plötzlich wurde er sehr aufgeregt und ängstlich und murmelte, ein Schnellzug rase auf ihn zu. Da Alexander die Sitzung begleitete, konnte er ihm einen Ausweg bieten.

Bei Klienten, die sprachlos werden, wenn sie getriggert sind, vereinbaren wir ein Handzeichen, mit dem sie uns signalisieren, dass sie unsere Hilfe brauchen. Es ist sehr wichtig, dass wir Ruhe bewahren. Ruhig und bestimmt weisen wir den Weg zurück ins Hier und Jetzt.

Falls gewünscht, besprechen wir die Bilderreise. Manche wollen die Erlebnisse lieber für sich behalten, andere brauchen den Austausch.

Bilderreisen sind nicht für jeden Klienten hilfreich. Ob und wann und bei wem Sie eine Bilderreise einsetzen, entscheiden Sie auf Grund Ihrer therapeutischen Kompetenz.

Hindernisse in Ressourcen verwandeln – das Teilekonzept von Virginia Satir

Gerne machen wir Stuhlaufstellungen, um sowohl die Ressourcen bewusst zu machen, als auch Hindernisse zu verwandeln. Dabei verwenden wir das Teilekonzept von Virginia Satir. Diese Technik ist eine unserer Lieblingsinterventionen, weil sie so sicher und positiv wirkt. Im Gespräch mit dem Klienten erarbeiten wir dessen Ressourcen. Für jede Ressource nimmt sich der Klient einen Stuhl, der diese Fähigkeit darstellt. Ein Stuhl steht für den Regisseur, also den Klienten, der sich seiner Fähigkeiten bedient. Meist benennt der Klient ein Hindernis, das den Gebrauch einer bestimmten Ressource oder das Erreichen eines Ziels verhindert. Auch dieses Hindernis wird durch einen Stuhl symbolisiert. Wenn es um das Erreichen eines Ziels geht, wird auch dieses durch einen Stuhl dargestellt.

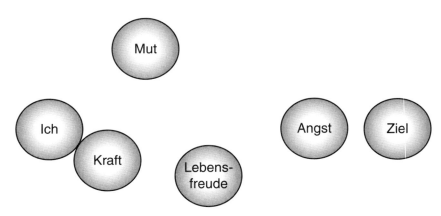

Der Klient drückt seinen Zugang zu den Ressourcen und zum Ziel durch die Entfernung der Stühle zu seinem Regisseurstuhl aus. Das Hindernis platziert er entsprechend. Dann laden wir ihn ein, sich nacheinander auf jeden Stuhl zu setzen und zu benennen, wie es ihm dort geht. Wir bitten ihn, für jeden Zustand ein passendes Motto, einen Slogan, zu finden.

Wenn er sich auf den Stuhl für das Hindernis setzt, geschieht meist folgendes: Nachdem der Zustand beschrieben wurde, fragen wir nach dem Gefühl, das die Blockade begleitet. Das dazu passende Motto ist fast immer ein Glaubenssatz aus der Kindheit, zum Beispiel: „Ich mache nie etwas richtig!" Dies bemerken die Klienten und sind ungemein erleichtert, wenn wir ihnen anbieten, diesen Glaubenssatz dem heutigen erwachsenen Zustand anzupassen. „Heute kann ich das mit Leichtigkeit!" So verwandelt sich die Blockade für den Klienten emotional erlebbar zuerst in ein Gefühl, dann in einen veralteten Glaubenssatz, um schließlich bestenfalls als neue Ressource zur Verfügung zu stehen, um das Ziel zu erreichen.

5. Impulskontrolle lernen

Traumaklienten müssen lernen, Regie über ihre Gefühle zu gewinnen. Dazu stehen uns verschiedene Techniken zur Verfügung: die Tresorübung, der Gefühlsregler und der Erste-Hilfe-Koffer. Die Tresorübung und der Erste-Hilfe-Koffer sind im ersten Teil gut beschrieben, wobei es sich von selbst verstehen sollte, dass die Tresorübung ähnlich vorbereitet und durchgeführt werden sollte, wie zuvor beschrieben.

Der Gefühlsregler und die innere Bühne

Der Gefühlsregler ist eine Art Fernbedienung, mit der Gefühle reguliert werden können. Dazu gibt es eine Imagination, mit der gleichzeitig die innere Bühne eingeübt wird. Die innere Bühne brauchen wir später, falls eine Traumakonfrontation nötig ist. Auch diese Übung stammt ursprünglich von Dr. Luise Reddemann. Wir üben den Gefühlsregler mit Hilfe von Filmszenen ein, die der Klient gesehen hat. Bevor wir in die Imagination gehen, besprechen wir genau, was geschehen wird, und lassen uns vom Klienten die ausgewählten Filme schildern, damit wir wissen, welche Szenen er imaginiert.

„Stelle dir jetzt deinen sicheren Ort vor, den Ort, den nur du allein kennst. Es ist ganz allein dein Ort und er ist vollkommen sicher. Dort befindet sich deine innere Bühne. Du findest den Weg dorthin oder du bittest eines der helfenden Wesen, dich dorthin zu führen.

Jetzt bist du angekommen. Wie sieht die Bühne aus? Befindet sie sich in einem Gebäude oder in der freien Natur? Schau dich um.

Es gibt auf deiner Bühne eine Leinwand, auf die deine Filme projiziert werden, und es gibt einen Regieraum. Gehe jetzt zu diesem Regieraum, öffne die Tür und schau dich um. Hier steht der Projektor, der die Filme auf die Leinwand projiziert. Daneben liegt dein Gefühlsregler. Wie sieht er aus? Mit ihm kannst du die Intensität deiner Gefühle regeln. Wenn dir Gefühle zu stark werden, kannst du sie mit diesem Regler vermindern, möchtest du diese Gefühle stärker erleben, kannst du sie mit diesem Regler verstärken.

Du kannst das gleich einmal ausprobieren: Erinnere dich an eine unangenehme Szene aus einem Film. Sobald du sie vor dir siehst, drehe an dem Regler und vermindere die Gefühlsstärke.

Jetzt versuche es mit einer angenehmen Szene. Drehe an dem Regler und verstärke das Gefühl. Dieser Regler steht dir jederzeit zur Verfügung, auch im Alltag. Mit ihm kannst du Gefühlsstärken stufenlos dosieren.

Es wird Zeit, diesen Raum und die innere Bühne wieder zu verlassen und mit dem Bewusstsein wieder hierher zurückzukehren. Spüre deinen Körper auf der Unterlage. Spanne sanft alle Muskeln an und lasse wieder los. Mach die Augen auf. Dehne und recke dich.

Natürlich muss auch diese Technik eingeübt werden, bevor sie auch in Krisen wirkt. Dazu eignen sich Alltagsprobleme. Am Beispiel dieser Probleme lernen Klienten, dass sie aufwühlenden Emotionen nicht ausgeliefert sind. Jede emotionale Arbeit beenden wir mit einem Besuch am sicheren Ort und einem Bad im heilenden Wasser. Damit erreichen wir zweierlei: Zum einen bildet diese Übung einen guten Abschluss für die Sitzung, weil der Klient danach beruhigt in sein Alltagsleben zurückkehrt. Zum anderen übt der Klient damit, sich selbst in einen ruhigen Zustand zu versetzen.

6. Arbeit mit traumabedingten Mustern

Die Arbeit mit Triggern und Täterintrojekten ist das Herzstück der Traumatherapie, da mit diesen beiden Mustern Verhaltensweisen verbunden sind, die der Klient sehr gerne loswerden will. Um die Reaktion auf Trigger zu verändern, müssen wir den Klienten dabei unterstützen, die autonome, nicht willentlich zu steuernde emotionale Reaktion zu verhindern, um ihm die Möglichkeit zu geben, ein anderes, adäquateres Verhalten zu wählen. Bei der Arbeit mit dem Täterintrojekt haben wir es immer mit Doublebinds zu tun und kommen erst dann weiter, wenn der Klient Eindeutigkeit gelernt hat.

Die Arbeit mit Triggern – den gemeinsamen Nenner finden

Der erste Schritt bei der Triggerarbeit ist, den Trigger der ursprünglichen Ursache zuzuordnen. Dazu brauchen wir die Informationen aus dem Triggerbuch, um den gemeinsamen Nenner zu finden. Häufig ist dieser gemeinsame Nenner nicht die Situation an sich, sondern das Verhalten, das Menschen in verschiedenen Situationen zeigen. Wir sind auf der Suche nach dem übergeordneten Muster. Dabei müssen wir berücksichtigen, dass sich die Psyche in Bildern ausdrückt. Wir suchen nicht nach digitalen, sondern nach analogen Übereinstimmungen.

Wenn das Trauma - wie so häufig - darin bestand, dass die Grenzen des Kindes nicht geachtet wurden, kann der Trigger sowohl in Situationen auftauchen, in denen der Klient grenzüberschreitendes Verhalten sieht, ohne selbst beteiligt zu sein, als auch in der überfüllten Straßenbahn, wo ihm Leute physisch auf die Pelle rücken, aber auch bei der Familienfeier, wo ihm jemand im Gespräch zu nahe tritt. Bestand das Trauma aus psychischen Misshandlungen, kann der Trigger durch Situationen ausgelöst werden, wo der Klient Kritik ausgesetzt wird, ganz gleich, ob diese berechtigt oder unberechtigt ist. Möglicherweise setzt die Triggerreaktion schon ein, wenn die Möglichkeit bestünde, kritisiert zu werden.

Denken Sie daran, dass Dissoziation auch zu den Triggerreaktionen gehört. Manche Klienten werden bei stets den gleichen Themen von quälender Müdigkeit überfallen und schalten ab. Andere können bestimmte Filme nicht aushalten und reagieren so extrem darauf, dass es ihnen selbst auffällt. Damit meinen wir keine Filme, die gegen den guten Geschmack verstoßen, also keine Katastrophen-, Ekel- oder Horrorszenen, die empfindsame Menschen allgemein nicht gut ertragen. Meist fällt auf, dass in Filmen, die jemanden triggern, bestimmte Inhalte wie Abschied, plötzlicher Tod oder endgültige Trennung gezeigt werden.

Wenn wir glauben, ein Muster gefunden zu haben, verbalisieren wir dies: „Mir fällt da etwas auf – könnte es sein..." Wir wählen eine Formulierung, aus der klar hervorgeht, dass wir keine Interpretation, sondern eine Hypothese formulieren. Wir sind also sofort bereit, diese wieder fallen zu lassen, wenn unsere Vermutung beim Klienten keine Resonanz zeigt. „Bitte korrigieren Sie mich, wenn ich mich irre oder wenn das Bild, das ich male, mit Ihnen nichts zu tun hat."

Der Klient entscheidet in jedem Falle, ob er die Hypothese stimmig findet. Auch wenn sie uns noch so schlüssig scheint, kommen wir ohne Konsens mit dem Klienten keinen Schritt weiter. Wir machen beste Erfahrungen damit, den Klienten das Tempo vorgeben zu lassen, auch wenn sich später herausstellen sollte, dass wir mit unserer Hypothese Recht gehabt hatten. Dann war der Klient damals nicht bereit, sich diesen Aspekt seiner Psyche anzusehen. Wir betrachten Widerstände nicht als Therapieblockade, sondern im Gegenteil als Stopschilder der Seele, die uns zeigen, dass der Klient noch nicht genug Vertrauen in sich selbst und in seinen Therapeuten gefasst hat, um sich diesem heiklen Thema zu nähern. Wie gut, dass wir dem Klienten die Verantwortung für das Tempo überlassen können!

Sollte die Hypothese beim Klienten Resonanz machen, merkt er das zuerst an seinem Körper. Viele beschreiben einen „bodyshift". Dieser Begriff stammt aus dem „focusing", einer von Eugene T. Gendlin entwickelten Methode, bei der Gefühle durch das richtige Benennen fokussiert und damit greifbar gemacht werden. Wenn das Wort stimmt, stellt sich ein ganz bestimmtes Gefühl ein, ein angenehmer Schauer, der den ganzen Körper durchläuft. Ein ganz ähnliches Gefühl beschreiben unsere Klienten, wenn die formulierte Hypothese stimmt. Sehr häufig tauchen plötzlich Erinnerungen aus der Kindheit auf, die mit dem Muster zu tun haben. Dies sind meist sehr emotionale Momente, denn der Klient erkennt die Psycho-logik seines Verhaltens. Viele sind ungeheuer erleichtert, weil sie jetzt sicher wissen, dass mit ihnen alles in Ordnung ist.

Es kann aber durchaus geschehen, dass in diesem Augenblick Erinnerungen an schlimme traumatische Erlebnisse auftauchen. Darauf müssen wir gefasst sein und dürfen daher die Triggerarbeit nie gegen Ende einer Stunde beginnen. Wir begleiten den Klienten mit „pacing" durch seinen emotionalen Prozess.

Manche Klienten möchten gerne gehalten werden, wenn sie starke Gefühle erleben. Wir fragen grundsätzlich vorher, ob dies erwünscht ist, wobei wir gegengeschlechtlichen Körperkontakt vermeiden. Die Verstrickungen, die dadurch entstehen, dass solche rein menschlichen Gesten falsch verstanden werden, ersparen wir uns. Neben der Verwicklung, dass sich die Klienten in einen von uns verlieben, weil Christiane oder Alexander „die erste Frau bzw. der erste Mann ist, der sie wirklich versteht", können Triggersituationen entstehen, die eine therapeutische Weiterarbeit unmöglich machen. So schützen wir mit dieser Abstinenz sowohl uns als auch unsere Klienten.

Der nächste Schritt besteht darin, die emotionale Antwort auf den Trigger zu verändern. Bis jetzt wurde der Klient durch die autonomen Reaktionen seines Stoffwechsels gesteuert. Um dies zu verändern, hilft es ihm zu verstehen, was in seinem Gehirn geschieht. Dies soll das folgende Schema verdeutlichen.

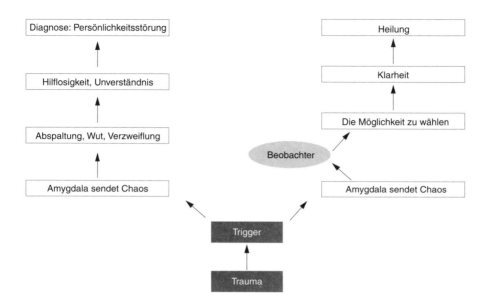

Den Beobachter einführen

Der erste Schritt besteht darin, das Geschehen einfach nur zu beobachten, ohne etwas daran zu verändern. Das erleichtert die Klienten, denn diese Hausaufgabe erscheint den meisten machbar.

Die Rolle des Beobachters können wir durch eine Stuhlaufstellung verdeutlichen:

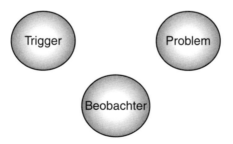

Ein Stuhl symbolisiert die Triggersituation, der andere die gewohnte emotionale Reaktion, der dritte Stuhl steht für den Beobachter. Der Klient setzt sich zuerst auf den Stuhl mit der Triggersituation und verbalisiert seine Gefühle, dann setzt er sich auf den Stuhl mit der emotionalen Reaktion und verbalisiert auch hier seine Gefühle. Viele Klienten reagieren heftig, doch das hört meist sofort auf, wenn der Beobachterstuhl eingenommen wird. Meist ist die Verwunderung groß, dass der Rollenwechsel so spontan gelingt. Alexander nutzt diese Methode auch zur Krisenintervention, wenn zum Beispiel ein völlig aufgelöster Klient anruft. Stühle gibt es in jeder Wohnung, und so lässt Alexander den Klienten zwei Stühle holen: einer steht für die Krise, der andere für den Beobachter. Sobald sich der Klient auf den Beobachterstuhl setzt, beruhigt er sich in der Regel rasch und ist wieder handlungsfähig. Haben die Klienten dies einmal erfahren, verstehen sie die therapeutische Wirkung sofort. Es ist ihnen klar, dass sie diese Rolle üben müssen, und so werden die Hausaufgaben von fast allen gewissenhaft erledigt.

Durch das Beobachten sind die Klienten nicht mehr vollständig mit ihren Reaktionen identifiziert und gewinnen so den nötigen Abstand; zum anderen ordnen sie die Situation und das Gefühl dem vergangenen Erlebnis zu. Durch den Abstand und die Zuordnung verändert sich die emotionale Reaktion automatisch; sie wird von ganz alleine immer schwächer. Schließlich berichten die Klienten, dass statt der heftigen Reaktion nur noch ein Gefühl großer Erleichterung, häufig begleitet von einem angenehmen „bodyshift" – „wie eine warme Dusche" – übrig bleibt.

Dieser Prozess gelingt unterschiedlich schnell. Einige schaffen die Veränderung gleich, andere brauchen länger. Besonders bei sexuellem Missbrauch ist bei Klientin und Therapeutin Geduld angesagt. Die meisten Opfer von Missbrauch werden durch den Geschlechtsverkehr getriggert, manche so schwer, dass sie augenblicklich dissoziieren. Sie kommen also gar nicht dazu, den Beobachter einzuschalten.

Selbst wenn der Frau dieser Schritt gelingen sollte, distanziert sie sich damit gleichzeitig von ihrem Körperempfinden, und das ist bei Sexualität ja bekanntlich eher hinderlich. Wenn die Frau sehr passiv ist und keine Gefühle zeigt, fühlt sich der Mann schnell in der Rolle des Vergewaltigers – ein Teufelskreis, der nur mit viel Geduld vom Paar bewältigt werden kann. Hier sind kleine Schritte nötig. Es ist schon als Fortschritt zu werten, wenn Kuscheln wieder möglich ist.

Im Täterintrojekt das Muster „Doublebind" entlarven

Wie schon beschrieben, unterscheiden wir ein Täterintrojekt dadurch von einem Glaubenssatz, dass es als negatives Lebensskript das Entwicklungspotential des Klienten einschränkt. Häufig greifen die normalen Interventionen, die wir anwenden, um einen Glaubenssatz zu transformieren, bei Täterintrojekten nicht. Die üblichen Rituale halten nicht vor und da die meisten so belasteten Klienten die Ressourcenarbeit komplett ablehnen, fehlen uns wichtige Interventionen. Die Erkenntnis, dass es sich bei Täterintrojekten um paradoxe Strukturen handelt, eröffnet uns bessere therapeutische Möglichkeiten. Wenn Ihnen das Kommunikationsmuster Doublebind fremd sein sollte, empfehlen wir unser Buch „Wege aus der Zwickmühle – Doublebinds verstehen und lösen".

Den Doublebind können Sie ganz einfach dadurch diagnostizieren, indem Sie sich auf eine der beiden angebotenen Seiten schlagen. Wenn Sie den Täteraspekt verstärken, wird Ihnen der Klient im Falle eines Doublebind-Musters mit dem Opferaspekt antworten. Verstärken Sie den Opferaspekt, wird er Ihnen den Täter anbieten. Die Klienten wechseln diese Rollen blitzschnell, ohne es zu bemerken.

Sobald wir uns sicher sind, verbalisieren wir die Zwickmühle, in der wir uns befinden: Sieht sich der Klient als Täter oder als Opfer? Da dieses Muster unbewusst abläuft, werden die meisten Klienten sehr nachdenklich. An diesem Punkt thematisieren wir den Doublebind und befragen die Klienten nach der Kommunikationsstruktur in ihrer Ursprungsfamilie. Es ist entscheidend wichtig, dass die Klienten das Muster verstehen, denn das bestimmt den Erfolg der Therapie. Solange das unbewusste Muster herrscht: „Es geht mir gut, wenn es mir schlecht geht, und es geht mir schlecht, wenn es mir gut geht", kann die Therapie gar keinen Erfolg haben.

Die Gefahr besteht darin, dass die Klienten den Schritt auf die Metaebene nicht wirklich nachvollziehen. Wenn es den Klienten nicht gelingt, das Muster als Muster zu bewerten, sondern wenn sie weiterhin damit identifiziert bleiben, kommen Sie zuerst einmal nicht weiter. Außerdem dürfen Sie nicht vergessen, dass der Vorteil eines Doublebinds Kontrolle heißt. Gerade für ein Traumaopfer ist Kontrolle überlebenswichtig.

Ein Klient vollzieht den Schritt auf die Metaebene dann nicht, wenn er die

Kontrolle behalten will. Vielleicht ist er aber auch intellektuell nicht dazu in der Lage oder er begreift nicht, dass es einen Unterschied gibt zwischen seiner Persönlichkeit und dem Muster, dessen sich die Persönlichkeit bedient. Manche Klienten können uns kommunizieren, dass sie mit dem Musterkonzept Schwierigkeiten haben. Andere tun dies nicht. Und dann können wir Therapeuten in die Falle gehen.

Christiane passierte folgendes: Die schon im Text beschriebene Klientin hatte sogar das Doublebindbuch gelesen und für Christiane war aus den Gesprächen nicht ersichtlich geworden, dass sie das Konzept nicht wirklich verstanden hatte. Christiane begann, ihr die Paradoxie zu erklären und sprach von den beiden Anteilen des Musters, die einander widersprechen: dem einen Teil, der sich mit dem Opfer identifiziert, und dem anderen, der sich selbst als Täter sieht. Die Klientin war sprachlos vor Zorn: „Sie wollen mir damit sagen, dass ich selbst schuld bin an meiner Situation. Sie sind auch nicht besser als die anderen Seelenpfuscher!" Sprach's, ging und kam nie wieder. In dem Augenblick, wo Christiane das Täterintrojekt bewusst machen wollte, wechselte die Klientin blitzschnell in die Opferrolle und Christiane wurde für sie zum Täter.

Seitdem versuchen wir, das Musterkonzept noch anschaulicher und besser verständlich einzuführen, doch Doublebinds gehören einfach zu den unberechenbaren Mustern.

Die sich widersprechenden Zustände zeitlich getrennt erlebbar machen

Um den Doublebind aufzuheben, geben wir eine Hausaufgabe. Wir machen die Erfahrung, dass die Klienten die Hausaufgabe viel eher machen, wenn Sie diese als eine Art Experiment mit sich selbst betrachten. Wenn die Klienten verstehen, dass sie zwei sich gegenseitig aufhebende Verhaltensweisen gleichzeitig anwenden und deshalb zu keiner Lösung kommen können, begreifen Sie, dass es notwendig ist, beide Verhaltensweisen getrennt voneinander zu spüren, um letztlich zu entscheiden, welche der beiden eher angemessen ist. Eine solche Hausaufgabe könnte lauten:

„Heute dürfen Sie sich eine halbe Stunde abwerten. Stellen Sie sich einen Wecker und machen Sie keine Sekunde länger, aber auch keine kürzer. Sie dürfen die Abwertungen gerne aufschreiben. Danach notieren Sie

kurz, wie Sie sich gefühlt haben. Achten Sie dabei besonders auf Ihr Körpergefühl.

Am nächsten Tag dürfen Sie sich eine halbe Stunde lang als Opfer fühlen. Benennen Sie, was Ihnen alles angetan wurde und bedauern Sie sich. Danach notieren Sie kurz, wie Sie sich gefühlt haben. Achten Sie dabei besonders auf Ihr Körpergefühl.

Am folgenden Tag werten Sie sich wieder ab, danach folgt der Tag, an dem Sie Opfer sind. Wechseln Sie mit diesen beiden Aufgaben täglich ab und berichten Sie in der nächsten Stunde, wie es Ihnen gegangen ist."

Nach anfänglichem Zögern verstehen die meisten Klienten den Sinn der Übung und gewinnen eindeutige Erfahrungen mit dem Täter- und mit dem Opfer- sein. Recht schnell erhält das Bild, das zuvor nur in schwarz-weiß gemalt war, Grautöne. Weder ist der Klient immer nur schlecht noch ist er immer gut. Es gibt Dinge, die er gut kann, und Dinge, die er nicht so gut kann. Wie kann er sich bei den Dingen, die er nicht gut macht, unterstützen, um sich darin zu verbessern? Welche Ressourcen stehen ihm dabei zur Verfügung?

Wir machen den Klienten darauf aufmerksam, dass sich sein Körper bei eindeutigen Botschaften anders anfühlt als bei Doublebinds. So kann er recht bald an seinem individuellen „Doublebindgefühl" merken, wenn er in diesem Muster feststeckt. Gemeinsam erarbeiten wir Strategien, wie er sich am schnellsten daraus befreien kann. Manche Klienten nehmen sich zwei Stühle und versuchen, die beiden sich widersprechenden Gefühle einfach nacheinander zu spüren. Auch wir merken Doublebinds zuerst an unserem Körpergefühl. Bevor unser Verstand realisiert hat, dass wir es mit dem paradoxen Muster zu tun haben, meldet der Körper eine spezifische Missempfindung. Diese nutzen wir und werden sehr aufmerksam, um herauszufinden, ob wir es tatsächlich mit Doublebinds zu tun haben.

Niemand wendet Doublebinds bewusst an; das unterscheidet sie von Unehrlichkeit oder den sozial begründeten Inkongruenzen. Die Klienten führen uns auch nicht absichtlich an der Nase herum, obwohl wir manchmal durchaus den Eindruck bekommen können, wenn kurz vor Erreichen des Ziels ein neues Hindernis aus dem Hut gezaubert wird. Manche Klienten werden leicht aggressiv und geben uns das Gefühl, uns nicht genügend angestrengt zu haben. Auch das ist ein Hinweis auf Doublebind: Einerseits erhalten wir den Auftrag, den Klienten dabei zu unterstützen, dass es ihm besser geht, andererseits dürfen wir dieses Ziel nicht erreichen, da es dem Klienten nur dann gut geht, wenn es ihm schlecht geht. Da in Familien mit paradoxer Kommunikation alle Verantwortung nach außen projiziert wird, ist ganz klar, dass wir „schuld" sind.

Wir sind uns bewusst, dass das Muster Doublebind zu den „Therapeuten-killern" gehört, und wenn es uns nicht gelingt, dem Klienten sein Muster zu zeigen, oder wenn er sich entscheidet, das Muster und damit die Kontrolle zu behalten, haben wir den Schwarzen Peter. Damit müssen wir leben.

7. Das Trauma verarbeiten

Jetzt erst kommen wir zu den Interventionen, die unsere Klienten gleich in der ersten Stunde erwarten: der tatsächlichen Arbeit mit den trauma-tischen Erlebnissen. Bei vielen ist sie übrigens überhaupt nicht notwendig, bei manchen raten wir sogar ab. Dazu ein Beispiel:

Eine Klientin mit massiven Missbrauchserfahrungen durch männliche Familienangehörige hatte sich stabilisiert, ohne dass wir ihr Trauma an-geschaut hatten. Die Trigger waren entschärft, sie hatte Regie über ihre Gefühle gewonnen, kurz, es ging ihr seit Jahren zum ersten Mal richtig gut, der Beruf machte ihr Freude, die Beziehung zu ihrem Mann vertiefte sich. In einer Aufstellung hatte sie den Tätern die Verantwortung zurückge-geben und stand jetzt vor der Entscheidung, ob sie ihre neu gewonnene Lebensfreude tatsächlich durch eine erneute Beschäftigung mit den trau-matischen Emotionen gefährden sollte. Sie kam zu dem Schluss, ihr Leben in vollen Zügen zu genießen und die Vergangenheit endlich hinter sich zu lassen. Da sich keine störenden Symptome bemerkbar machten, hatte sich diese Klientin richtig entschieden.

Traumatherapie folgt nur insofern einem Fahrplan, als die Konfrontation nicht zu früh erfolgen sollte. Ansonsten richten wir uns in jeder Stunde nach den Bedürfnissen unserer Klienten. Und wenn diese keine Konfron-tation mehr wünschen, weil sie sich in der Gegenwart immer wohler fühlen, dann ist uns das ebenfalls recht.

Die innere Bühne und das neue Drehbuch

Diejenigen, die sich spontan an traumatische Erlebnisse erinnern, sind jedoch bereits konfrontiert und meist überwältigt von einer Erfahrung, von der sie nichts gewusst hatten. Ihnen helfen wir, das Trauma aus sicherem Abstand zu beobachten, um die Gefühle zuordnen und verarbeiten zu können. Dabei hilft uns eine Imagination, ebenfalls aus dem Werkzeugkasten von Dr. Luise Reddemann. Wichtig ist es auch bei dieser Imagination, dass wir in ständigem Kontakt zum Klienten bleiben. Er erzählt uns, was er sieht und was er fühlt, und wir begleiten ihn dabei. So ist er nicht allein. Er kann die Imagination jederzeit unterbrechen oder sogar abbrechen, wenn es ihm zu viel wird. Keinesfalls dürfen wir ihn drängen. Er behält die Regie über das Geschehen und wir sind nur dazu da, ihn zu begleiten und abzusichern. Die innere Bühne haben wir schon bei der Imagination mit dem Gefühlsregler vorbereitet. Diese Vorstellung hilft dem Klienten, genügend Abstand zum Geschehen zu behalten. Er sieht sein Trauma als Film und damit ist klar, dass es nur noch die inneren Bilder sind, die in seiner Gegenwart wirken. Außerdem befindet er sich in seinem Regieraum, einem Raum, in dem der Regiestuhl steht, und dieser Raum ist zudem durch eine Glasscheibe von der Bühne getrennt, was noch einmal Abstand schafft. Dieser Abstand kann vergrößert werden, indem der Klient jemandem zuschaut, der im Regieraum sitzt und einen Film anschaut.

Es geht nicht darum, tief in die Emotionen einzusteigen. Im Gegenteil geht es darum, Regie über die Gefühle zu behalten. Der Klient wird zum Beobachter seiner eigenen Geschichte und lernt damit, sich zu distanzieren. So gewinnt er die Erfahrung, dass dieses Erlebnis zwar zu seinem Leben gehört, ihn jedoch heute nicht mehr beeinflusst.

„Du befindest dich an deinem sicheren Ort und gehst den Weg zu deiner inneren Bühne. Beschreibe mir den Weg dorthin. Jetzt bist du da und schaust dich um: Gibt es irgendwelche Veränderungen? Du siehst deinen Regieraum. Geh hinein und schließe die Tür hinter dir. Du siehst die Bühne durch ein großes Glasfenster. Heute schaust du einen Film aus deiner Vergangenheit. Es ist die letzte Vorstellung.
Du siehst dir nur die Szene an, die wir miteinander besprochen haben. Da-

*bei hältst du deinen Gefühlsregler in der Hand, mit dem du deine Gefühle
nach Wunsch regeln kannst.*
Beschreibe mir, was du siehst.
*Jetzt ist es vorbei. Nimm die DVD (die Filmspule, das Video) aus dem Pro-
jektor und lege es in deinen Tresor. Und jetzt gehe zurück zu dem heilenden Wasser an deinem sicheren Ort. Lasse dich hineingleiten. Bei jedem
Einatmen stelle dir vor, dass heilendes Wasser dich reinigt und beim Ausatmen alle Gefühle fortträgt, die dich beschweren mögen. Bleibe so lange
in deinem heilenden Wasser, bis du dich gut fühlst.*
*Steige heraus und lasse dich von der Wärme trocknen. Dann kehre zurück
in diese Welt, atme tief, dehne dich und strecke dich."*

Danach besprechen wir die Sitzung und bereiten den zweiten Teil vor, in
dem wir das neue Drehbuch schreiben. Warum diese Intervention so gut
wirkt, haben wir bereits erklärt. Wichtig ist, dass auch hier die genaue zeitliche Abfolge erarbeitet und nichts dem Zufall überlassen wird.
Das neue Drehbuch setzt kurz vor dem traumatischen Erlebnis ein. Am
wichtigsten ist die Person, die das Kind retten wird. Können Vater oder
Mutter das tun, eine Tante, ein Onkel oder Oma oder Opa? Wenn das Kind
in der eigenen Familie traumatisiert wurde, gibt es manchmal niemanden,
dem die Rolle des Retters zugetraut wird. Dann nutzen wir das Konzept
vom erwachsenen Ich. Damals gab es nur das Kind – heute gibt es auch
den erwachsenen Menschen. Dieser kann das Kind retten und ihm glaub-
haft versprechen, es nie wieder allein zu lassen.
Es gibt auch die Möglichkeit, das neue Drehbuch zu inszenieren. Diese
Methode stammt ursprünglich von Albert Pesso. Dazu brauchen wir eine
Gruppe, mit deren Mitgliedern der Klient vertraut ist. Die Inszenierung wird
vom Klienten vorbereitet. Er bringt alle Requisiten mit, die nötig sind, und
bestimmt auch die Stellvertreter. Im Unterschied zur Aufstellungspraxis
und zum Psychodrama dürfen die Stellvertreter nicht ihren eigenen Impul-
sen nachgehen, sondern sie machen genau das, was der Klient will. Das
geht so weit, dass sie wörtlich wiederholen, was der Klient hören möchte.
Damit stellen wir sicher, dass alles genau so passiert, wie es der Klient
braucht, um die innere emotionale Lücke zu schließen.

Arbeit mit Träumen

Zuweilen sind Klienten sehr begabt im Träumen. Wir nutzen diese Fähigkeit auch in der Traumatherapie, denn Träume sind Botschaften des Unbewussten. Wir haben nicht bestätigt gefunden, dass Traumsymbole bei allen Menschen dasselbe aussagen. Wir glauben auch nicht, dass die Bedeutung von Traumsymbolen immer einen sexuellen oder archetypischen Hintergrund hat. Deshalb halten wir nichts von den „Rezeptbüchern", in denen man die Bedeutung von Traumsymbolen nachlesen kann.

Nicht alle Träume sind gleich wichtig für den Therapieprozess. In den meisten verarbeitet der Träumer die Erlebnisse des Tages. Begabte Träumer kennen den Unterschied zu den besonderen Träumen, in denen das Unbewusste auf ein zu bearbeitendes Thema hinweist. Manche erzählen, dass sie die Stimmung des Traums noch Stunden begleitet habe, andere wachen an solchen Träumen auf und schreiben den Inhalt auf, um nichts zu vergessen. Träume, die sich wiederholen, sind in jedem Falle wichtig. Sie signalisieren, dass der Träumer die Botschaft noch nicht verstanden hat. Unserer Erfahrung nach hat nur der Träumer den Schlüssel zu seinen Träumen. Unsere Aufgabe besteht darin, ihn damit in Kontakt zu bringen. Zwei Methoden haben sich bewährt: das freie Assoziieren und eine Technik aus der Gestalttherapie.

Das freie Assoziieren stammt ursprünglich von Sigmund Freud. Hierbei sagt der Klient spontan und ohne nachzudenken einfach alles, was ihm zu dem Traumsymbol einfällt. Wir veranstalten sozusagen ein „brainstorming" für das Unbewusste. Dabei schreiben wir Wort für Wort genau mit. Irgendwann fällt ein Wort, das den Klienten innehalten lässt. Meist beschreibt er einen „bodyshift", eine Bestätigung durch ein körperliches Wohlgefühl, dass die richtige Deutung getroffen wurde.

Die zweite Technik stammt aus der Gestalttherapie. Hier stellen wir einen zweiten Stuhl für das Traumsymbol auf und bitten den Klienten, sich darauf zu setzen und zu versuchen, sich damit zu identifizieren. Dann sagt er alles, was ihm in den Sinn kommt. Zuerst klingen die Sätze noch überlegt, doch nach kurzer Zeit schon hört sich der Klient etwas sagen, was er sich nie ausgedacht hätte. Wieder gibt der „bodyshift" die Bestätigung dafür, ob das Symbol richtig benannt wurde. Es ist immer wieder erstaunlich, wie genau ein durch freies Assoziieren oder durch die Stuhlmethode gefundener Begriff das Traumsymbol erklärt. Haben wir ein zentrales Symbol erwischt, kann sich plötzlich der gesamte Traum entschlüsseln und seine Botschaft enthüllen.

Trauma und Aufstellung

Ein Wort vorweg: Die von uns betriebene Aufstellungspraxis hat nichts mit den Aufstellungen nach Bert Hellinger zu tun. Dr. Gunthard Weber bescheinigte uns in einem Brief, dass wir schlichtweg keine Ahnung davon haben und ganz normal therapeutisch arbeiten. In unserem Buch „Alltagswege zur Liebe – Familienstellen als Erkenntnisprozess" können Sie sich über unseren Ansatz informieren, der sich an Virginia Satirs Familienrekonstruktion orientiert. Für 2009 ist ein Lehrbuch geplant. Deshalb fassen wir hier nur kurz zusammen, wie wir in Aufstellungen mit Trauma umgehen. Diejenigen, die Genaueres wissen wollen, müssen sich noch etwas gedulden oder unsere Aufstellungen oder Ausbildungskurse besuchen.

In Aufstellungen haben wir es zu 80% mit Beziehungstraumata zu tun. Wir bewegen uns also auf „ganz dünnem Eis". Die meisten Klienten kennen wir nicht und viele erfahren erst durch unsere Einführung, dass ein Beziehungstrauma für ihre Schwierigkeiten verantwortlich sein könnte. Körperliche Züchtigung und Gewalt, Vernachlässigung und Verlassenheit, seelische Misshandlung und Sucht werden nur selten als traumatisierende Faktoren erkannt. Aus diesem Grund machen wir vor der Aufstellung mit jedem Teilnehmer ein Genogramm und eine genaue Anamnese, um zu wissen, womit wir es zu tun haben. Wir wissen, dass wir das Trauma nicht mit einer Aufstellung heilen können. Meist ist dazu Einzelarbeit nötig. Wir können jedoch Ressourcen bewusst machen, den Klienten entlasten und ihm gute Bilder für die Heilung mitgeben.

In Aufstellungen, in denen wir es mit Trauma zu tun haben, vermeiden wir alles, was die Emotionen aufwühlen könnte. Wir kennen den Klienten nicht und dürfen nichts tun, was ihn schädigen oder retraumatisieren könnte. Deshalb ist äußerste Vorsicht nötig. Es gab schon Klienten, die uns böse waren, weil wir ihr Trauma nicht direkt angingen. Damit müssen wir leben. Wir unterlassen also alles, was der Klient als Druck empfinden könnte.

Außerdem erklären wir im voraus jeden Schritt. Wir arbeiten sowieso transparent, doch bei traumatisierten Menschen werden wir geradezu penibel. Das Wichtigste ist, dass sich die Betroffenen sicher fühlen, und die meisten brauchen dazu ein hohes Maß an Kontrolle. Auch bei der Aufstellung ist es äußerst wichtig, dass wir uns mit dem Opfer solidarisieren. Die Allparteilichkeit ist in diesem Kontext nicht angebracht. Wir urteilen auch nicht darüber, ob das, was uns der Klient erzählt, wahr ist. Erstens waren wir nicht dabei, zweitens sind wir weder Anwälte noch Richter, sondern Therapeuten, und drittens befassen wir uns mit der Wirklichkeitskonstruktion des Klienten, nicht mit der absoluten Wahrheit.

Dem Täter die Verantwortung zumuten

Eine bewährte Intervention, die sehr entlastend wirkt, besteht darin, dem Täter die Verantwortung für die Traumatisierung zu geben. Diese Verantwortung wird durch einen Stein symbolisiert, den der Klient dem Täter übergibt. Damit wird nicht der Mensch verdammt, sondern es werden seine Taten beim Namen genannt. Es ist ein für alle Male klar, dass nicht das Kind, sondern der Erwachsene die Verantwortung für die Handlungen trug, ein wichtiger Schritt für den Klienten.

Die Tresorübung in der Aufstellung

Die Tresorübung führen wir häufig während der Aufstellung ein. Das Trauma wird entweder durch eine Person oder einen Stein symbolisiert. Den Tresor stellen wir durch einen Seilkreis dar. Das innere Bild wird durch die äußere Handlung unterstützt. So stellt sich der Klient vor, dass er den Film von seinem Traum in den Tresor legt. Gleichzeitig führt er die Person, die das Trauma symbolisiert, in den Seilkreis. In seinem inneren Bild schließt er den Tresor, in der Außenwelt verknotet er die Enden des Seilkreises.

Einen sicheren Ort herstellen

Manchmal ist es notwendig, dem Klienten ein Bild für den sicheren Ort mitzugeben. Auch diesen symbolisieren wir durch einen Seilkreis. Meist führt der Stellvertreter für das erwachsene Ich den Klienten, der mit seinem inneren Kind identifiziert ist, in diesen Seilkreis. Die Enden darf er selbst zusammenlegen. Damit bekommt er ein inneres Bild dafür, dass er selbst seine Grenzen bestimmen und sich heute als Erwachsener in Sicherheit bringen kann.

Die ideale Situation rekonstruieren

Wenn sich einige Teilnehmer der Gruppe kennen und eine vertrauensvolle Atmosphäre entstanden ist, können wir eine Rekonstruktion mit dem idealen Elternbild wagen. Hat der Klient zuerst seine leiblichen Eltern aufgestellt, kann es notwendig sein, dass er sich aus den Teilnehmern zwei neue Stellvertreter für seine idealen Eltern aussucht, denen er sich wirklich anvertrauen kann. Wir rekonstruieren innerhalb einer Aufstellung nicht das umfassende Drehbuch des Klienten, sondern nur einen wichtigen Aspekt. Meist betrifft dies die Wertschätzung der Eltern gegenüber dem Kind. Manchmal ist es wichtig, dass sie sich bei ihm entschuldigen. Häufig wird Körperkontakt gewünscht. Aus diesem Grund fragen wir die Stellvertreter der idealen Eltern, ob sie bereit sind, Umarmungen zuzulassen. Es wäre schlimm, wenn sich ein Stellvertreter für den idealen Vater oder die ideale Mutter genau so abweisend verhalten würde, wie historisch vom Klienten erlebt. Häufig reicht diese „Fünf-Minuten-Ressource", um dem Klienten ein neues heilendes Bild mit auf den Weg zu geben.

8. Mit dem Schicksal Frieden schließen – „trotzdem Ja zum Leben sagen"

Eines der quälendsten Symptome einer schweren Traumatisierung ist die tiefe Sinnkrise, verbunden mit der Frage: „Warum ist gerade mir so etwas passiert?" oder „Wie kann es einen Gott geben, wenn er zulässt, dass unschuldige Kinder so etwas Schlimmes durchmachen müssen?" oder „Das Leben ist sinnlos, denn wie kann ich mit dem Wissen weiterleben, dass mir die Menschen, denen ich vertraut habe, so etwas angetan haben? Und warum sollte ich mit meinem Schicksal Frieden schließen?"

Die Beantwortung dieser Frage machen wir uns nicht leicht. In diesem Kontext möchten wir Ihnen Viktor Frankl vorstellen, einen Psychiater, Psychotherapeuten und Überlebenden von vier Konzentrationslagern. Der Titel seines Buches „...trotzdem Ja zum Leben sagen – Ein Psychologe erlebt das Konzentrationslager" ist bereits Programm und sagt aus, wie Frankl diese Frage für sich beantwortet hat.

Auf die Gefahr hin, offene Türen einzurennen, hier ganz kurz seine Vita: Frankl wurde 1905 in Wien geboren. Er war Psychiater und Neurologe und kannte Sigmund Freud, Alfred Adler und Wilhelm Reich, die führenden Psychologen seiner Zeit. Schon bald stellte er den Sinn ins Zentrum seiner Psychotherapie und begründete die Logotherapie oder Existenzanalyse. Auf Grund seiner jüdischen Herkunft kam er 1942 ins Konzentrationslager Theresienstadt. Nach Aufenthalten in drei weiteren Lagern, darunter auch Auschwitz, wurde er 1945 von der US-Armee befreit. Von seinen Freunden erfuhr er, dass seine Frau und seine Eltern in Lagern umgebracht worden waren. Um seine seelische Gesundheit zu bewahren, schrieb er wenige Tage nach seiner Befreiung sein Buch „... trotzdem Ja zum Leben sagen", in dem er seine Erlebnisse in den Lagern darstellt. Neben eindringlichen Schilderungen des Lageralltags berichtet er von seinen inneren Zuständen und Erkenntnissen.

Frankl ist für uns in zweierlei Hinsicht Vorbild: Zum einen darin, wie er als Mensch trotz unmenschlicher Lebensumstände, trotz der Allgegenwart von Schmerz und Tod, sein Schicksal annahm und sein Trauma verarbeitete; zum anderen in seiner Eigenschaft als Kollege und Begründer einer psychotherapeutischen Schule, welche die Aufgabe der Psychotherapie darin sieht, Menschen bei der Sinnfindung zu unterstützen. Seinen Kollegen trägt er auf: „Wir müssen lernen und die verzweifelten Menschen lehren, dass es eigentlich nie und nimmer darauf ankommt, was wir vom Leben noch zu erwarten haben, vielmehr lediglich darauf: was das Leben von uns erwartet" (S. 125)! Frankl weiß aus eigener Erfahrung, dass dem Menschen immer eine Wahl bleibt: „Die geistige Freiheit des Menschen, die man ihm bis zum letzten Atemzug nicht nehmen kann, lässt ihn auch noch bis zum letzten Atemzug Gelegenheit finden, sein Leben sinnvoll zu gestalten. Denn nicht nur ein tätiges Leben hat Sinn,... nicht nur ein schöpferisches, genießendes Leben hat einen Sinn, sondern: wenn Leben überhaupt einen Sinn hat, dann muss auch Leiden einen Sinn haben, gehört das Leiden zum Leben irgendwie dazu – genau so wie das Schicksal und das Sterben. Not und Tod machen das menschliche Dasein erst zu einem Ganzen... In der Art, wie ein Mensch sein unabwendbares Schicksal auf sich nimmt, mit diesem Schicksal all das Leiden, das es ihm auferlegt, darin eröffnet sich auch noch in den schwierigsten Situationen und noch bis zur letzten Minute des Lebens eine Fülle von Möglichkeiten, das Leben sinnvoll zu gestalten" (S. 109 - 110). Dabei ist Frankl nicht einer von denen, die das Leiden an sich verherrlichen. Er macht einen Unterschied zwischen unnötigem Leid, das verhindert werden könnte, und unabwendbarem Leid, das schicksalhaft über Menschen hereinbricht, gegen das sie nichts tun können. Gegen Krieg, Naturkatastrophen, Gewaltverbrechen und unheilbare Krankheiten ist der Mensch machtlos. Kinder sind machtlos gegenüber der Gewalt von Erwachsenen, ganz gleich, ob sie diese sexuell, physisch oder psychisch erleiden.

Wenn das Leben einen Sinn behält, wird im Menschen eine Kraft freigesetzt, die ihm dabei hilft, auch unmenschliche Bedingungen nicht nur zu überleben, sondern eine besondere Erfahrung daraus zu gewinnen: „Sofern nun das konkrete Schicksal dem Menschen ein Leid auferlegt, wird er auch in diesem Leid eine Aufgabe, und ebenfalls eine ganz einmalige Aufgabe, sehen müssen. Der Mensch muss sich auch dem Leid gegenüber zu dem Bewusstsein durchringen, dass er mit diesem leidvollen Schicksal sozusagen im ganzen Kosmos einmalig und einzigartig dasteht. Niemand kann es ihm abnehmen, niemand an seiner Stelle dieses Leid durchleiden. Darin aber, wie er selbst, der von diesem Schicksal Betroffene, dieses Leid trägt, darin liegt auch die einmalige Möglichkeit zu einer einzigartigen Leistung" (S. 126).

Nach der Befreiung durch die Amerikaner nahm Frankl seine Arbeit wieder auf. Er setzte sich für Versöhnung und gegen die Zuschreibung einer Kollektivschuld ein. Warum die Versöhnung wichtig ist, erklärt er am Beispiel einiger Mithäftlinge: „Vor allem konnte man ... in dieser psychologischen Phase oft bemerken, dass sie nach wie vor in ihrer seelischen Einstellung unter der Kategorie der Macht und der Gewalt verharren; nur dass sie nunmehr als Befreite, selber diejenigen zu sein vermeinen, die ihre Macht, ihre Freiheit willkürlich, hemmungslos und bedenkenlos nützen dürfen... Dies äußert sich oft in belanglos erscheinenden Kleinigkeiten. Wir gehen zum Beispiel querfeldein, ein Kamerad und ich, dem Lager zu, aus dem wir vor kurzem befreit wurden; da liegt plötzlich vor uns ein Feld mit junger Saat.

Unwillkürlich weiche ich aus. Er aber packt mich beim Arm und schiebt mich mit sich mittendurch. Ich stammle etwas davon, dass man doch die junge Saat nicht niedertreten soll. Da wird er böse: in seinen Augen zuckt ein zorniger Blick auf, während er mich anschreit: Was du nicht sagst! Mir hat man Frau und Kind vergast – abgesehen von allem anderen – und du willst mir verbieten, dass ich ein paar Haferhalme zusammentrete ... – Nur langsam kann man diese Menschen zurückfinden lassen zu der sonst doch so trivialen Wahrheit, dass niemand das Recht hat, Unrecht zu tun, auch der nicht, der Unrecht erlitten hat. Und doch müssen wir daran arbeiten, diese Menschen zu dieser Wahrheit zurückfinden zu lassen, denn die Verkehrung dieser Wahrheit könnte leicht auch schlimmere Folgen haben als den Verlust von einigen tausend Haferkörnern für einen unbekannten Bauern" (S. 145). In diesen Kontext gehören die Berichte von Klientinnen, die als Kinder durch ehemalige KZ-Häftlinge sexuell missbraucht wurden.

Glück entsteht laut Frankl dadurch, dass man den Sinn des eigenen Lebens verwirklicht. Das Leben erhält Sinn durch schöpferisches Tun, durch die Liebe und darin, „eine Tragödie – auf menschlicher Ebene – in einen Triumph zu verwandeln". Diese Möglichkeit haben unsere Klienten, diesen Triumph können sie feiern, denn die Entscheidung, wie sie sich zu ihrem Schicksal stellen, ist immer ihre eigene.

Sinnfindung und Aussöhnung mit dem Schicksal beschließen die Traumatherapie. Wird dieser Prozess zu früh begonnen, kann der Eindruck entstehen, das Leiden werde philosophisch oder spirituell „wegerklärt". Es mag paradox klingen, doch eine zu schnelle Heilung wird von vielen Klienten nicht gewünscht, ja, sogar die Aussicht auf ein glückliches Ende kann Aggressionen wecken. Am besten ist es zu warten, bis die Klienten das Thema selbst anschneiden, sonst kann es Ihnen so gehen wie Christiane, die ein solches Angebot zu früh machte. Sie hatte einer Klientin, die gerade in einer für sie traumatischen Trennung steckte, die Möglichkeit in Aussicht gestellt, in Zukunft, falls gewünscht, eine freundschaftliche Ebene mit dem Mann erreichen zu können. Darauf ging die Frau buchstäblich mit ausgefahrenen Krallen auf sie los und warf ihr wütend vor, sie respektiere ihr Leiden nicht genügend.

Die Aussöhnung ist wichtig, um nicht in der destruktiven Kraft des Traumas zu verharren. Die Gegenwart kann nur dann frei gestaltet werden, wenn der Sinn des Leidens, die besondere Erfahrung angenommen und integriert werden kann. Nicht alle Klienten können mit dem Begriff „Sinn" etwas anfangen. Deshalb sprechen wir in der Regel von dem Geschenk, welches das Schicksal trotz allem für den Betroffenen bereit hält. Dazu bitten wir den Klienten zusammenzufassen, was sich für ihn während der gemeinsamen Arbeit verändert hat. Welchen Weg ist er gegangen? Welche Ziele hat er erreicht, welche liegen noch vor ihm? Diese Zusammenfassung kann der Klient zu Hause vorbereiten. Manche bringen ihre gemalten Bilder mit, andere zeigen Fotos oder Briefe. Einige haben Texte geschrieben, manche Lieder komponiert, ein Choreograph schrieb ein Ballett. Die meisten erkennen, dass sie reifer und reicher geworden sind. Viele sprechen von gewonnener Tiefe, von gewachsenem Verständnis und Mitgefühl für sich selbst und die Mitmenschen.

Auch wir fassen zusammen, welche Veränderungen wir bei unserem Klienten wahrgenommen haben. Durch unsere Rückmeldung können Veränderungen klarer erkannt und besser integriert werden.

Dann stellen wir die Frage nach der Zukunft: Lange Zeit wurde die Gegenwart vom Trauma der Vergangenheit mitgestaltet. Wie wird sich das Leben verändern, wenn das alte Kapitel jetzt endgültig abgeschlossen ist? „In jedem Augenblick unseres Lebens sind wir frei, auf die Zukunft hin zu handeln, die wir uns wünschen", sagt der Kybernetiker Heinz von Foerster. Auf welche Zukunft hin will der Klient ab heute handeln? Und welche Schritte sind nötig, um die Vision zu verwirklichen?

Letztes Weihnachten erreichte Christiane der Anruf einer Klientin. „Ich wollte dir nur sagen, dass das Gespräch mit meinem Vater sehr gut verlaufen ist", berichtete sie. „Dass das so lief, sind auch die Früchte deiner Arbeit. Dafür möchte ich dir danken."

In solchen Augenblicken wird uns der Sinn unseres Lebens bewusst. Das, was das Leben von uns erwartet, scheint zu sein, Menschen dabei zu unterstützen, ihr Schicksal zu bewältigen und mit ihm Frieden zu schließen, darüber hinaus aber auch Therapeuten auszubilden, die denselben Aufruf in sich spüren.

Wir sind sehr dankbar dafür, dem Leben in dieser Weise dienen zu dürfen. Zum Wohle aller Wesen!

Literaturliste

Baer, Udo (1999), Gefühlssterne, Angstfresser, Verwandlungsbilder... Kunst- und gestaltungstherapeutische Methoden und Modelle. Affenkönig-Verlag, Neukirchen-Vluyn 2.Aufl. 2002

Bass, Davis, Trotz allem, Wege der Selbstheilung für sexuell mißbrauchte Frauen, Orlanda Frauenverlag, Berlin, 2001

Bloemeke Viresha J., Es war eine schwere Geburt, Kösel-Verlag, 2003

Cameron, Julia. (2000) Der Weg des Künstlers; ein spiritueller Pfad zur Aktivierung unserer Kreativität. Droemer-Knaur, München (deutsche Erstauflage 1996)

Egle, Hoffmann, Joraschky, Sexueller Mißbrauch, Mißhandlung, Vernachlässigung, Erkennung und Therapie psychischer und psychosomatischer Folgen früher Traumatisierungen, Schattauer, Stuttgart, 2000

Ende, Michael, Jim Knopf und Lukas der Lokomotivführer, Thienemann, Stuttgart, 1990

Fischer, Riedesser, Lehrbuch der Psychotraumatologie, Ernst Reinhardt Verlag, München, 2003

Hellbrügge / Brisch Hrsg. Bindung und Trauma, Risiken und Schutzfaktoren für die Entwicklung von Kindern, Klett-Cotta, Stuttgart 2003

Herman, Judith, Die Narben der Gewalt, Junfermann, Paderborn, 2003

Huber, Michaela, Trauma und Traumabehandlung Teil 1 und 2, Junfermann, Paderborn, 2003

Levine, Peter, Trauma-Heilung, Das Erwachen des Tigers, Synthesis Verlag, Essen 1998

Lücke, Susanne. (2001) Kunst- und Gestaltungstherapie im Prozeß der Trauma-Heilung. In: Reddemann, L. (2001) Imagination als heilsame Kraft; zur Behandlung von Traumafolgestörungen mit ressourcenorientierten Verfahren. Unter Mitarbeit von Veronika Engl, Susanne Lücke und Cornelia Appel-Ramb. Pfeiffer bei Klett-Cotta, Stuttgart 9.Aufl.2003; S. 132-165. Tiefenpsychologisch fundierte Kunsttherapie in der Behandlung traumabedingter Störungen. In: von Spreti, F., Martius, P., Förstl, H. (Hrsg), Kunsttherapie bei psychischen Störungen. Urban und Fischer, München 2005; S 140 - 151 Seminar "Kunsttherapie in der Behandlung von Traumafolgestörungen" 2006 und am 10.2.07 im bik Bielefelder Institut für Kunsttherapie, Sudbrackstraße 17, 33611 Bielefeld.

Meissner, Brigitte Renate, Geburt: Ein schwerer Anfang leichter gemacht, Brigitte Meissner Verlag, 2001;

Reddemann, Luise, Imagination als heilsame Kraft, Pfeiffer bei Klett-Cotta, Stuttgart, 2001

Reddemann, Luise, Psychodynamische imaginative Traumatherapie, PITT, das Manual, Pfeiffer bei Klett-Cotta, Stuttgart 2004

Sautter, Christiane, Wenn die Seele verletzt ist, Trauma – Ursachen und Auswirkungen, Verlag für systemische Konzepte, Wolfegg, 2. Auflage 2007

Sautter, Christiane und Alexander, Alltagswege zur Liebe, Ibera Verlag, Wien, 2007

Sautter, Christiane und Alexander, Wege aus der Zwickmühle, Verlag für systemische Konzepte, Wolfegg, 2005

Sautter, Christiane und Alexander, Wenn die Masken fallen, Paare auf dem Weg zum Wir, Verlag für systemische Konzepte, Wolfegg, 2007

Van der Kolk, Bessel u.a., Traumatic Streß, Grundlagen und Behandlungsansätze, Junfermann, Paderborn, 2000

Watzlawick, Beavin, Jackson, Menschliche Kommunikation, Hans Huber, Bern, 2000

Watzlawick, Paul und Nardone, Giorgio, Kurzzeittherapie und Wirklichkeit, Piper, München, Zürich, 2005

Kathrin Antener-Bärtschi,

1949, verheiratet, zwei erwachsene Kinder, Hebamme, eidgenössischer Fachausweis als Ausbilderin SVEB, 13 Jahre als Hebamme im Gebärsaal tätig, seit 1985 eigene Hebammenpraxis, Kursleiterin für Geburtsvorbereitung, Rückbildungsgymnastik und Babymassage, Ausbildungen in Massagen und Beratungen.

Brigitta Gerke-Jork (1965),

verheiratet, drei Kinder, dipl. Kunsttherapeutin (FH), Heilpraktikerin für Psychotherapie Studium an der Fachhochschule für Kunsttherapie, Nürtingen, Fortbildung in Traumatherapie am Bielefelder Institut für Kunsttherapie (bik) Dozententätigkeit am Institut für systemische Psychotraumatologie Freie künstlerische Arbeit, darunter Kunstprojekte, die Malerei, Musik und Tanz miteinander verbinden Seit 2004 freiberuflich in eigener Praxis tätig, in der Kunsttherapie und Kreativkurse für Kinder und Erwachsene angeboten werden.

Weitere Informationen:
Kunstwerkstatt am Wald, Oberer Steinberg 67, 63225 Langen
www.kunstwerkstatt-am-wald.de

Neuerscheinungen 2010

Christiane Sautter
Treibgut meiner Seele
Protokoll einer Spurensuche - Roman
ISBN 978-3-9809936-7-8

„Heftige emotionale Reaktionen in der Gegenwart haben ihre Wurzeln häufig in der Vergangenheit. Wie ferngesteuert verstricken wir uns in Gefühlen, die zu einer völlig anderen Zeit gehören. Und wenn wir uns nicht um die tatsächlichen Ursachen kümmern, bleiben wir chancenlos." Maria

„Du und ich, Maria, wir sind Akteure in den verschiedenen Filmen unserer Kindheit und glauben nur deshalb, wir spielten im selben Theaterstück, weil wir auf derselben Bühne stehen." Thomas

Die systemische Familientherapeutin Christiane Sautter bedient sich diesmal der freien Form des Romans, um den Beziehungskiller Verlassenheitstrauma in Szene zu setzen. Am Beispiel der schweren Ehekrise von Maria und Thomas beschreibt sie nicht nur die Abgründe, die sich für die Beteiligten auftun, wenn ein Verlassenheitstrauma durch eine aktuelle Trennung getriggert wird, sondern auch, wie das Trauma und die Beziehung durch Psychotherapie geheilt werden.
Ein Buch über mutige Menschen und den Sieg ihrer Liebe!

Christiane Sautter
Ressourcen- und Traumatriggerbuch
Arbeitsmaterial für Drachenbändiger
ISBN 978-3-9809936-6-1

Mit diesem Büchlein hat die Psychotherapeutin Christiane Sautter ein Arbeitsbuch für Erwachsene gestaltet, welches Betroffene bei der Aufarbeitung ihrer traumatischen Erfahrungen unterstützen kann. In Anlehnung an ihr Buch „Den Drachen überwinden" sind auf kleinem Raum jene „Hausaufgaben" beschrieben, die zwischen den Therapiesitzungen geübt werden können. Außerdem ist viel Raum für das Notieren eigener Gedanken und Erkenntnisse. Ein Büchlein aus der Praxis für die Praxis!

Christiane Sautter
Wenn die Seele verletzt ist
Trauma - Ursachen und Auswirkungen
mit einem Beitrag von Volkmar Suhr
ISBN 978-3-9809936-0-9

Durch Misshandlung, Missbrauch und Vernachlässigung, aber auch durch jahrelange Geringschätzung und Abwertung wird die Seele eines Kindes traumatisiert. Die „Verletzungen der Seele", die Menschen im Laufe ihres Lebens erleiden, können die Betroffenen jahrzehntelang gefangen halten und schwere Probleme im Zusammenleben verursachen.

Die systemische Familientherapeutin und Supervisorin Christiane Sautter erlebt seit Jahren die Allgegenwärtigkeit von Traumata bei vielen Klientinnen und Klienten – aber auch die lebensverändernde Erleichterung, die eine offene Ansprache und fachgerechte Behandlung des Themas bei den Betroffenen bewirkt. Die von ihr entwickelte Kombination systemischer und traumatherapeutischer „Werkzeuge" wurde zu einem unverzichtbaren Bestandteil ihrer Arbeit.

Dieses Buch ist sowohl für Betroffene geschrieben als auch für Menschen, die mit Menschen arbeiten.

Christiane und Alexander Sautter
Wenn die Masken fallen – Paare auf dem Weg zum Wir
mit Beiträgen von Julia Biskupek und Volkmar Suhr
ISBN 978-3-9809936-3-0

Woran liegt es, dass Paare heute so viele Schwierigkeiten haben? In Deutschland wird schon jede dritte Ehe geschieden. Auf der Suche nach Antworten werteten die Autoren ihre zehnjährige therapeutische Arbeit mit Paaren aus. Dabei fanden sie heraus, dass es vor allem die Prägungen aus der Vergangenheit sind, die Paaren das Leben schwer machen, Masken, die in der Kindheit übergestreift und heute mit der Realität verwechselt werden.

Die Autoren entdeckten, dass die Verhaltensmuster von Mann und Frau nach dem Schlüssel-Schloss-Prinzip zusammen passen. Deshalb geraten beide so heftig aneinander, können sich aber genauso gut bei der Bewältigung ihrer persönlichen Altlasten unterstützen. Wenn die Masken fallen und die Prägungen der Kindheit endgültig der Vergangenheit angehören, kann das „Wir" stetig wachsen.

Christiane und Alexander Sautter
Wege aus der Zwickmühle – Doublebinds verstehen und lösen
mit einem Beitrag von Dr. Christel Kumbruck
ISBN 978-3-9809936-1-6

Können Sie es irgendwie nie richtig machen?
Haben Sie immer dieselben Probleme in Ihren privaten und beruflichen Beziehungen?
Finden Sie Ihren beruflichen Alltag unerträglich kompliziert?
Ist Klärung am Ende unmöglich?
Wenn sich Probleme hartnäckig halten oder wenn Konflikte schier unlösbar erscheinen, dann kann das Kommunikationsmuster „Doublebind" dafür verantwortlich sein. Wenn Sie wissen wollen, ob Sie in der „Zwickmühle Doublebind" stecken und ob darin die eigentliche Ursache Ihrer Schwierigkeiten liegt: hier finden Sie alle notwendigen Informationen.
Dieses Buch ist von größtem Nutzen für alle, die beruflich oder privat mit Menschen zu tun haben. Insbesondere kann es allen Betroffenen helfen, sowohl beruflich wie privat ein für alle Mal der verhängnisvollen Zwickmühle zu entgehen.

Christiane Sautter
Was uns verbindet und was uns unterscheidet
Die Familie im Kontext der großen Religionen
ISBN 978-3-9809936-2-3

Dieses Buch stellt die Familie in den Kontext der großen Religionen. Es zeigt sowohl historisch wie aktuell, wie prägend sie sich auf Familien auswirken, befasst sich kritisch mit der Rolle der Frauen und informiert in unserer multikulturellen Gesellschaft über das, was uns verbindet und das, was uns unterscheidet.

Christiane Sautter
Systemische Beratungskompetenz – ein Lehrbuch
mit Beiträgen von Julia Biskupek und Dr. Christel Kumbruck
ISBN 978-3-9809936-4-7

Dieses Lehrbuch umfasst sowohl die theoretischen Grundlagen der systemischen Psychotherapie als auch deren praktische Umsetzung im Berateralltag. Mit dieser Kombination ist es einzigartig auf dem Markt und erspart dem Benutzer die zeitaufwendige Literatursuche.
Das Buch gibt umfassende Einblicke in die Bereiche:
• Philosophische und kybernetische Grundlagen
• Kommunikation / Doublebind
• Die Umsetzung der Systemik in den verschiedenen Schulen
• Systemische Gesprächsführung
• Methoden in Einzel-, Paar- und Familienarbeit
• Der Umgang mit Krisen und Trauma
• Systemisches Arbeiten mit Kindern
• Der Mensch im Berufsleben
• Gruppendynamik und Gruppenleitung

Wie von der Autorin gewohnt, ist das Buch gut verständlich geschrieben.
Ein unverzichtbarer Begleiter für Ausbildung und Praxis!

**Institut für Systemische Weiterbildung,
Psychotraumatologie und Supervision**

Weiterbildungsangebote:
• Weiterbildung zum Systemischen Berater
• „Trauma erkennen – Trauma begleiten"
• Systemaufstellungen nach Virginia Satir

Fordern Sie unsere Weiterbildungsunterlagen an oder besuchen Sie unsere Internetseiten:
Praxis: www.familiensysteme.de
Institut: www.systemweiterbildung.de
Verlag: www.verlagsystemkonzepte.de

Unsere Bürozeiten: Dienstag bis Donnerstag – 9.00 Uhr bis 12.30 Uhr
Tel.: 0049 / (0) 07527 / 6690 · Fax: 0049 / (0) 07527 / 6042